ZAITAKU

在宅HACKS!

自分史上最高のアウトプットを
可能にする新しい働き方

小山龍介
Koyama Ryusuke

東洋経済新報社

\ これが究極の在宅勤務デスク /

動画撮影時に顔を明るく照らすLED照明（→206P）

空気の状態をチェックする空気質モニター（→32P）

紙の書類を一気にスキャンするScanSnap（→130P）

音環境を作るHomePod（→42P）

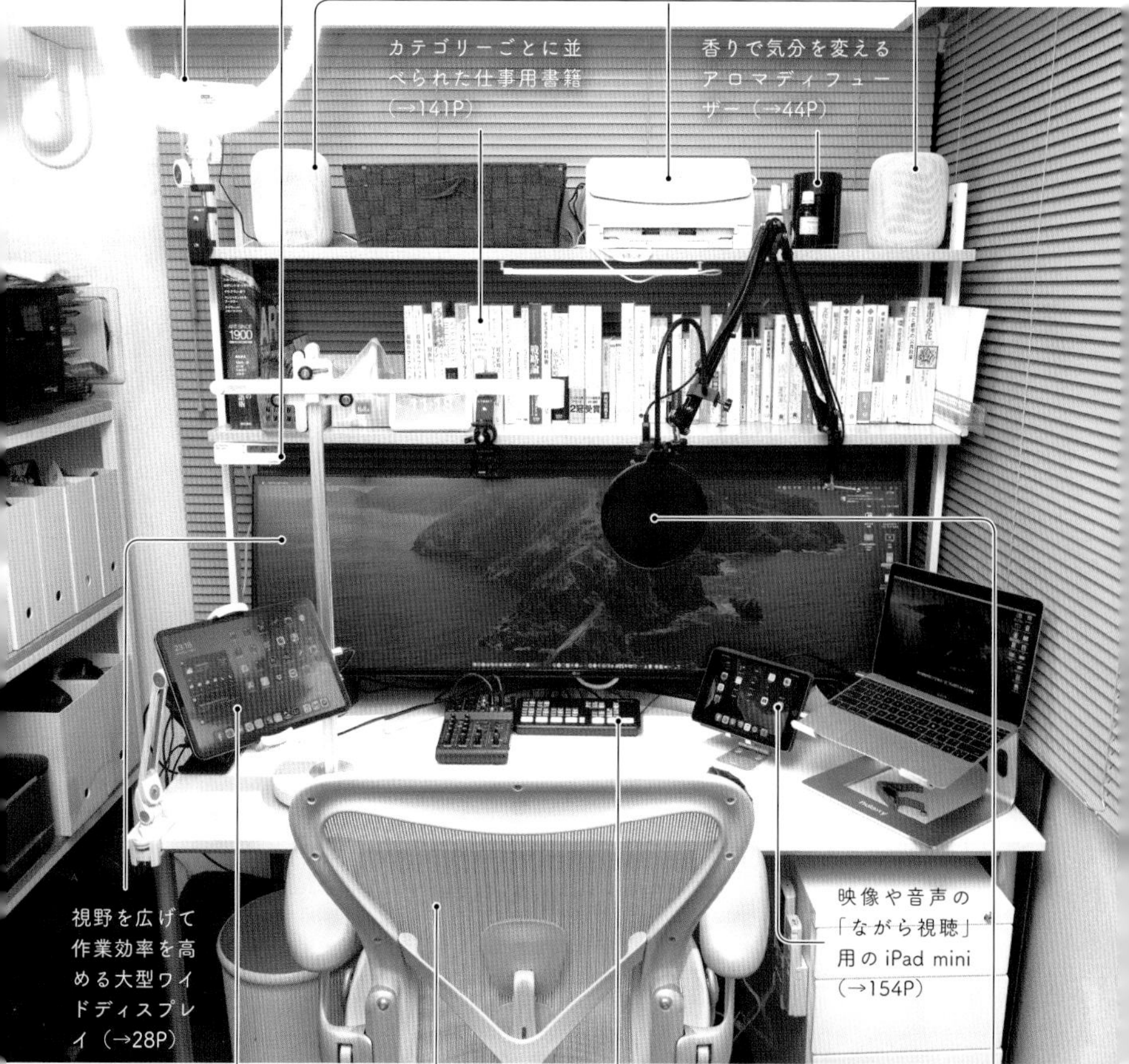

SNSはiPadで随時チェックする（→29P）

疲れを和らげる高機能チェア（→23P）

YouTuber御用達映像スイッチャーATEM Mini（→204P）

音声コンテンツ収録時にクリアな音声を捉えるコンデンサマイク（→206P）

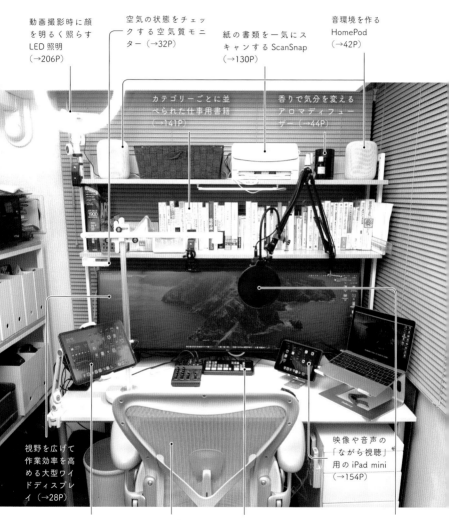

リングフィットで運動不足を解消する（→166P）

舞台効果でデスク作業の集中力をアップ（→18P）

はじめに

新型コロナウイルスが流行したあとのポスト・コロナ時代。

在宅勤務が当たり前となる時代に、私たちの生活がどう変わるのか。

そのインパクトが私たちのキャリアにまで及ぶことに、多くの人が気づいていません。

この本は、在宅勤務を通して起こる**ポスト・コロナ時代の「キャリア」の大転換**を示すものです。


今回、これまで遅々として進まなかったテレワークが一気に普及しました。この流れは、もはや誰も止めることはできません。満員電車に揺られながら長時間かけて出社しなくとも、仕事ができることに気づいた今、意味もなく毎日出社することがバカらしくなりました。会社も、在宅勤務によってむしろ生産性が上がることに気づきました。それもオフィスというコストをかけずに、です。これからオフィススペースも縮小させていくでしょう。

問題は、「在宅勤務が進むかどうか」などではもはやなく、**「どのような在宅勤務を実現**

するか」へと移ったのです。

そして重要なことは、在宅勤務は単なる働く場所の選択ではないということです。**新しいキャリアの選択であり、人生のあり方の選択**なのです。

在宅勤務とはひとことでいえば、**会社から解き放たれた人生**という新しい選択肢なのです。

在宅勤務で何倍にも広がったキャリア

私は２００８年に会社を辞めてからというもの、在宅を中心に仕事、執筆、大学院での教職など複数のキャリアを積み重ねてきました。

最初は個人で細々と受託していた企業研修は、独立後、自社の中核事業へと発展し、今では大手企業中心にさまざまなコンサルティングを提供するまでになりました。

また、文化庁の日本遺産プロジェクトに関わったことをきっかけに、文化財を活用した地域活性化にも取り組むようになり、地方自治体の文化財活用関係のアドバイスをする委員にもなっています。

その間、３つの一般社団法人の設立にも関わり、さまざまな立場で法人運営に携わっています。

本の執筆も精力的に続けていて、会社に勤めながら3冊、会社を辞めてからも12冊の本を上梓しました。ライフハック系の本だけでなく、モチベーションやキャリア、ビジネスモデルなどの専門的な本にも取り組んでいます。

客員教授からスタートした名古屋商科大学での教員キャリアは、准教授へ昇格して授業だけでなくゼミも受け持つようになり、毎年多くの学生たちの深い学びの支援、キャリアの支援を行っています。

仕事だけではありません。プライベートでも、京都造形芸術大学（現 京都芸術大学）に通学してＭＦＡ（芸術学修士）を取得し、今は博士課程に通学しています。またバンド活動、能の稽古なども行ってきました。子育てにおいても、たとえば新型コロナの問題で急遽、学校が休校になったときには、子どもたちと長い時間一緒に過ごしています。

このように、二足どころではない何足ものわらじを履き分けてきました。この話をすると、「どうしてそんなにたくさんのことができるのか」と驚かれます。それを可能としたのが在宅勤務でした。もしひとつの企業に9時から5時まで働いていたら、とても実現できないキャリアです。

在宅勤務は、これまでとは違う、**何倍ものアウトプットを実現する新しいキャリアの可能性**さえあるのです。

在宅勤務に潜むリスクをポジティブに転換する

通勤しなくてもいい、あの満員電車に乗らなくてもいい。さらには、多様なキャリアが花開く。そんないいことずくめの在宅勤務ですが、すべてがバラ色とは言えません。

ひとつは勤務評価の変化です。マネージャーは部下の勤務状況を把握することが難しくなります。プライベートと仕事の区別がつきにくい在宅勤務では、従来のような「会社にいた時間」ではなく、成果による業績管理が行われるようになります。

その結果、何が起こるか。会社に来ても、あまり成果をあげられていなかった生産性の低い人があぶり出されてしまうのです。そのような評価を受けないようにがんばって働く結果、実は在宅勤務のほうがオフィス勤務よりも長時間労働になりやすいという指摘もあります。一方で業績を上げられる人は、**今まで以上に評価される**ようになるはずです。

また、短時間で成果をあげられる人は、これまでの「働き方改革」以上の時短が実現するでしょう。余った時間で、**これまで不可能だった新しいキャリアが開かれていく**はずです。

もうひとつが、孤独の問題です。オフィスでにぎやかに働いていた人が急に在宅勤務になると、一日中ひとこともしゃべらずに仕事が終わっていくという状況に、打ちのめされます。「やはり、会社で仕事をしたほうがいい」と思い直す人も少なくありません。

しかし、ネット時代の現在において、それは在宅勤務で解決ができない問題なのでしょうか。いやむしろ、**会社の枠を超えた人脈を広げるチャンス**でもあるのです。

こうしたリスクもポジティブに転換してしまう。そのハックを紹介するのが本書ですが、その本質は、従来の働き方の常識にとらわれているあなた自身をハックすることにあります。

もし、あなたが今の働き方で満足していて、余計なことを考えたくなければ、そっとこの本を閉じて書棚に戻してください。

もし、あなたがこの新しい働き方に可能性を感じて、なによりもあなた自身が新しい時代に合わせて変わりたいと願っているのであれば、この本のどの章からでもいいので、ぜひ読み進めてみてください。**ポスト・コロナ時代の新しい自分に出会えるはずです。**

在宅HACKS!
自分史上最高のアウトプットを可能にする新しい働き方

CONTENTS

第2章

行動管理ハック

オン・オフを切り替え、アウトプットを最大化する

第3章

コミュニケーションハック

チームで連携して、プロジェクトをスムーズに遂行する

第4章

情報整理ハック

情報洪水から身を守り、最新情報を手に入れる

第5章

メンタル＆ヘルスハック

コンディションを維持し、最高のパフォーマンスを発揮する

第6章

副業ハック

自分の可能性を広げ、新しい収入源を得る

オフィスと自宅とでは、とりまく環境がまったく異なります。本来くつろぐための自宅で働くとなれば、働ける環境づくりが欠かせません。

しかし、これは自宅をオフィスと同じ環境にするということではありません。オフィスは実は、効率を重視した無駄のない工場のような空間です。すなわち、産業革命以降の、チャップリンが『モダン・タイムス』で揶揄したような効率化された流れ作業のための空間なのです。

20世紀の置き土産のようなオフィスを、私たちは当たり前のものとして受け入れていました。在宅勤務によってそのことに気づかされます。

これからの創造的な働き方に必要なのは、工場のような殺風景なオフィスではありません。脳をリラックスさせ、適度に刺激するゆらぎのあるオフィスです。そうしたオフィスを自宅で実現する。そのためのハックを紹介していきたいと思います。

第1章

環境整備ハック

集中力を高め、やる気スイッチを入れる

1 脳の「認知資源」を浪費しない環境を作る

家だと集中して仕事ができないという人も多いと思います。その原因のひとつが、部屋の環境です。ある実験で散らかった状態が目に入り続けると、**脳の認知資源**が枯渇して、集中力を失うという結果が出ています。そこで、作業環境を整理すると、集中力と情報処理能力が改善したのだとか。[1] 脳のリソースを作業に集中できた結果でしょう。

脳の認知資源は有限で、できるだけ浪費しないほうがいい。特に視覚的認知は脳のリソースを大量に消費してしまいます。自宅の部屋というのは、その意味で、集中力を削ぐ要素がたくさんあります。

そこで在宅勤務を始めた当初考えたのが、**脳の認知資源を浪費しない空間づくり**でした。仕事をする空間からどんどん物を減らしていったのです。『整理ＨＡＣＫＳ！』という本を書いたときには、書籍をスキャンしてＰＤＦにする、いわゆる「自炊」のやり方などを紹介しました。本棚から本がどんどんなくなっていきました。自宅から荷物を減らしていきました。

そうして片付けてしまった部屋は、予想に反して集中できる環境にはなりませんでした。殺風景な空間の中では、かえって集中できなかったのです。何もなさすぎて落ち着かないのです。

それで思い出したのがGoogleのオフィスでした。2004年ごろ、まだ今ほど巨大化していないGoogleのオフィスに遊びに行ったことがあります。[2]当時は、そこかしこに作りかけのPCみたいな部品が置いてあったり、エンジニアのデスクにはマウンテンバイクや趣味のおもちゃなどが置かれていたりしました。もし、そうした環境が集中力を削ぐのだとしたら、さすがに彼らもそんな環境を放置しているはずがありません。

最近でも、Googleはまるで自宅のリビングのようなオフィスを設計して話題になっていいます。そこにはおよそ仕事と関係ないもの

英国Googleのオフィス
写真：PENSON/Shutterstock/アフロ

1「デスクが散らかっていると集中力も生産性も低下する」、https://www.dhbr.net/articles/-/5898、ハーバード・ビジネス・レビュー、2019年。

2 2004年当時の売上は、31億8,900万ドル。2019年は461億ドルだったので、15年かけて14倍に成長したことになる。

が置かれているのです。ＣＮＮの記事では「窓も見えない仕切りの中で座って仕事をするような時代は終わった」という言葉が紹介されています。[3]

つまり重要なのは、仕事と関係のないものがあるかないか、ではなく、それがきちんと整理整頓されているかということ。

在宅勤務をするからといって、仕事と関係ないものをすべて捨て去る必要はないわけです。むしろ自宅のくつろげる空間を活かすことで、会社では実現できなかった**最先端のリビングオフィスが実現できる**のです。

2 照明による「舞台効果」で集中力を引き出す

とはいえ、やはり散らかっていると集中できないという人におすすめなのが、**スポット照明**です。全体の電気を消してデスクライトだけにすると、机の上だけが照らされます。机の上以外は目に入らなくなるので、脳の認知は机だけに集中します。部屋全体を片付けるよりも手っ取り早い解決方法です。

このときのデスクライトですが、光の質にもこだわりたい。実は近年、高質な光で照らしてくれる高機能デスクライトが次々と発売されています。

バルミューダは、白色LEDライトに多く含まれる、目に悪いとされる**ブルーライトを削減**したBALMUDA The Lightを発売しました。強いブルーライトは網膜障害を引き起こすなどの悪影響があるとされ、それを回避できるのです。また、このライトは真上から照らすことによって極力影を作らない仕掛けになっています。照射範囲は手元に集中する感じで、スポットライト効果も高い。ただ子どもたちの学習用に開発されたものなので、大人が使うにはちょっと抵抗がありますが……。[4]

ほかにも、光の質を表現するものに**色温度**というものがあります。色温度が低ければ暖かい色の、高ければ青みがかった冷たい色になります。通常の昼白色は5000Kくらいですが、パナソニックは少し青みがかった6200Kとすることで、文字をくっきり見やすくしています。パナソニックはこの光を「文字くっきり光」と名付けています。さすがマーケティングがうまいですね。[5]

3「世界の先端オフィス、心地よさで能率アップ」、https://www.cnn.co.jp/business/35045720-2.html、CNN、2014年。

4 BALMUDA The Light、https://www.balmuda.com/jp/light/

5「照明器具　文字くっきり光・明るさアップ」、https://panasonic.jp/light/clearlight.html、パナソニック。

僕自身は、**演色性**の高いライトを選ぶようにしています。演色性とは色の再現性の高さを評価する指標です。蛍光灯の照明だと食べ物がおいしく見えないように、照明によってものの色の見え方が変わります。印刷物を作るときに色味をチェックすることもあるので、正しい色の見え方をするものがいいのです。

また、夜の読書の際にブルーライトも削減したいと思い、色温度を低めにも変更できるダイソンのLightcycleを使うようにしました（写真は新商品のDyson Lightcycle Morph）。Lightcycleは、スマホアプリと連携して、場所や時間帯、年齢などで光の明るさや色温度を調整してくれるすぐれもの。高齢者には、より見やすくするために光量を増

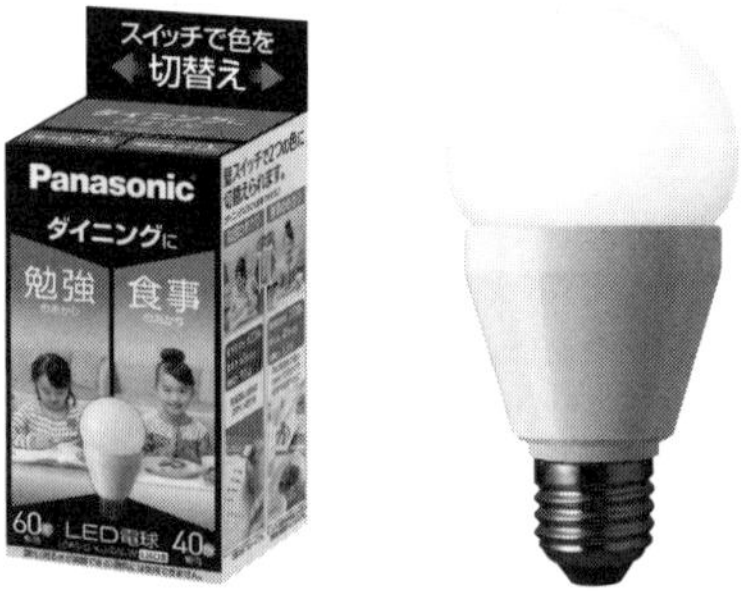

パナソニック「LED 電球、光色切替えタイプ」

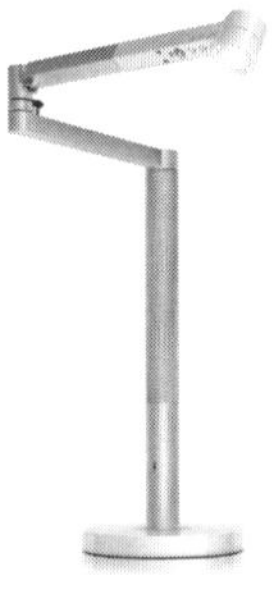

ダイソン「Dyson Lightcycle Morph」

やすという仕組みは、そろそろ老眼が気になる年頃にはありがたいです。

3 ダイニングテーブルをオフィスデスクに転用する

オフィスデスクの大きさを測ったことはありますか。会社によっても違いますが、おおよそ幅1m、奥行きは70cmほどの、家に置くとしたら大きめのデスクが標準です。仕事をするために、それなりの面積が確保されていますということは、在宅勤務をするにしても、やはり同程度の大きさのデスクは必須だということになります。[6]

そこで活用したいのが、**ダイニングテーブル**。4人家族のダイニングテーブルであれば十分、オフィスデスクの条件を満たします。しかも、食事をする場所なので、たいてい物が置かれておらず、すぐに片付けることができます。

6 ちなみにオフィス面積は、一般的に一人あたり10㎡が標準といわれている。これはおよそ6畳になる。このスペースを在宅勤務用に用意できるのであればいいのだが、特に都心の住宅事情ではなかなか難しいだろう。

　ただ、職場のデスクと違い仕事の書類を出しっぱなしにはできないので、仕事が終わったらすぐに片付ける必要があります。ですから、Ａ４書類とパソコンがそっくり入るトレイを用意しておくといいですね。仕事が終わって食事をするときに、さっと書類を入れて移動できます。どの席に座ってもよいフリーアドレスのオフィスなんかでやっているような運用になります。
　ちなみに、最近のトレンドとして**リビング学習**というものもあります。昔は子どもも部屋に引きこもって勉強していたのが、むしろ家族が集まるリビングで勉強するほうが効果的だというものです。わからないことをすぐ親に聞けますし、親の目が届かないためについ遊んでしまったりということもなく、家族間コミュニケーションが深まります。私の自宅でも、子どもたちの勉強机は、リビングにおいてあります。

このように在宅勤務用途だけでなく、リビングやダイニングの多目的化が進んでいます。

4 ゲーミングチェアで腰の疲れを軽減する

ただ、問題もあります。それは**イス**です。ダイニングやリビングのイスに長時間座っていると、さすがにつらい。可能であれば、高機能オフィスチェアを導入したいところ。

有名なハーマンミラーのアーロンチェアをはじめ、最近ではオフィス家具メーカーからさまざまな高機能チェアが販売されています。私自身は、アーロンチェアのリマスタードを使っています。値段はかなり張りますが、これから長期間、そして在宅勤務において長時間使うことを考えると、悪くない投資です。

こうした高機能チェアのニーズが高まったもうひとつの背景に、意外にもオンラインゲームの長時間プレイがあります。最近ではゲーム専用のイスも登場しています。**ゲーミングチェア**で検索してもらうと、まるでスポーツカーの運転席のようなごっついイスがいくつもでてくるはずです。

長時間、同じ姿勢で画面を見続けるということで言えば、デスクワークの比ではないゲーム。今、イスの最先端は、オフィスではなくゲームの世界にあるのです。ワーキングチェアの代わりに、ゲーミングチェアを導入する人も多くなっているようです。

パソコンも、高いグラフィック性能を誇るゲーミングマシンが登場するなど、この分野のイノベーションを牽引する存在になりつつあります。そこから逆輸入でのゲーミングチェア、ゲーミングマシンの導入も、不思議ではなくなりつつあります。

比較的安価で高機能なゲーミングチェア

さて一方で、こうした高機能チェアを用意できない場合はどうすればいいのでしょうか。普段使っているダイニングチェアで快適に仕事をする方法はないのでしょうか。ダイニングのイスは長時間座っていられるように設計されていません。リビングのソファなどは、仕事のように一定の姿勢を保てるようにできていません。どちらも長時間のデスクワークにはふさわしくないのです。

手軽な対策としておすすめしたいのが、**TEMPUR® のシートクッション**。のっぺりとした平べったいシート状ですが、TEMPUR® 素材が座る人の骨格に合わせて変化してくれるのです。これであれば、長時間座っていてもお尻が痛くなりにくいです。背筋が伸びるような傾斜もついていて、姿勢も正せます。

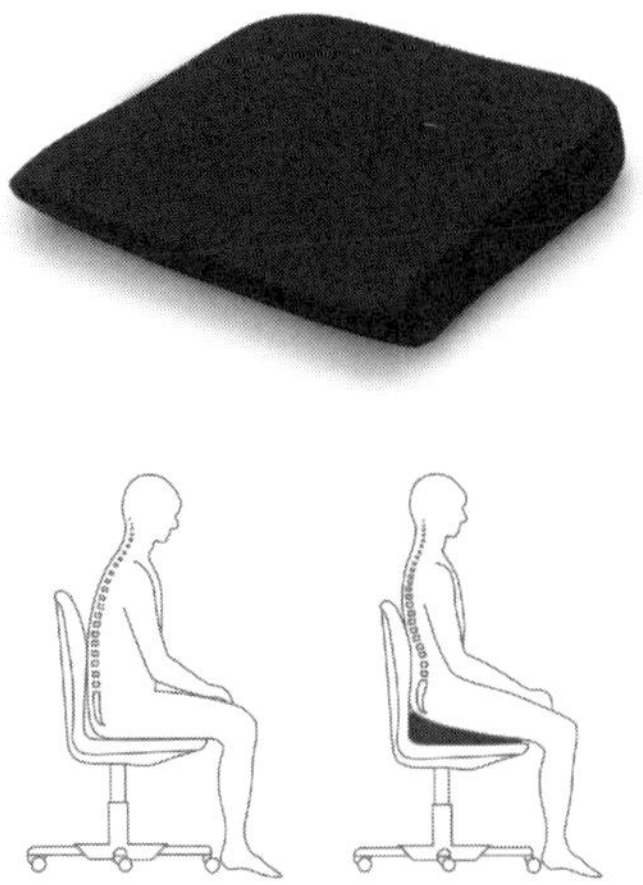

TEMPUR®「シートクッション」

5 骨盤を立てて座る

長時間座りづらいダイニングチェア。一番の問題は、**イスの高さ調整ができないこと**。そのため、正しい座り方ができないのです。

正しい座り方とは、**「骨盤を立てて座る」**。イスに深く座って背骨をしっかりと伸ばし、体重が左右均等に乗っている状態にすると、体に変な負担をかけなくて済みます。そして、この状態を作るためには、イスの機能より、イスと机の高さが適切に調整されているかどうかにあるのです。

たとえば、机が極端に低いと、パソコンや書類を覗き込むようになり、どうしても猫背になります。逆に机が高すぎると見上げるような状態になってイスの座る位置が浅くなってしまいます。リビングやダイニングのイスの問題は、テーブルや机の高さに合わせて高さの調整ができないことにあるのです。

私の家のダイニングテーブルは、子どもたちの成長に合わせて**高さを調整できる昇降式**

骨盤を立てて座る

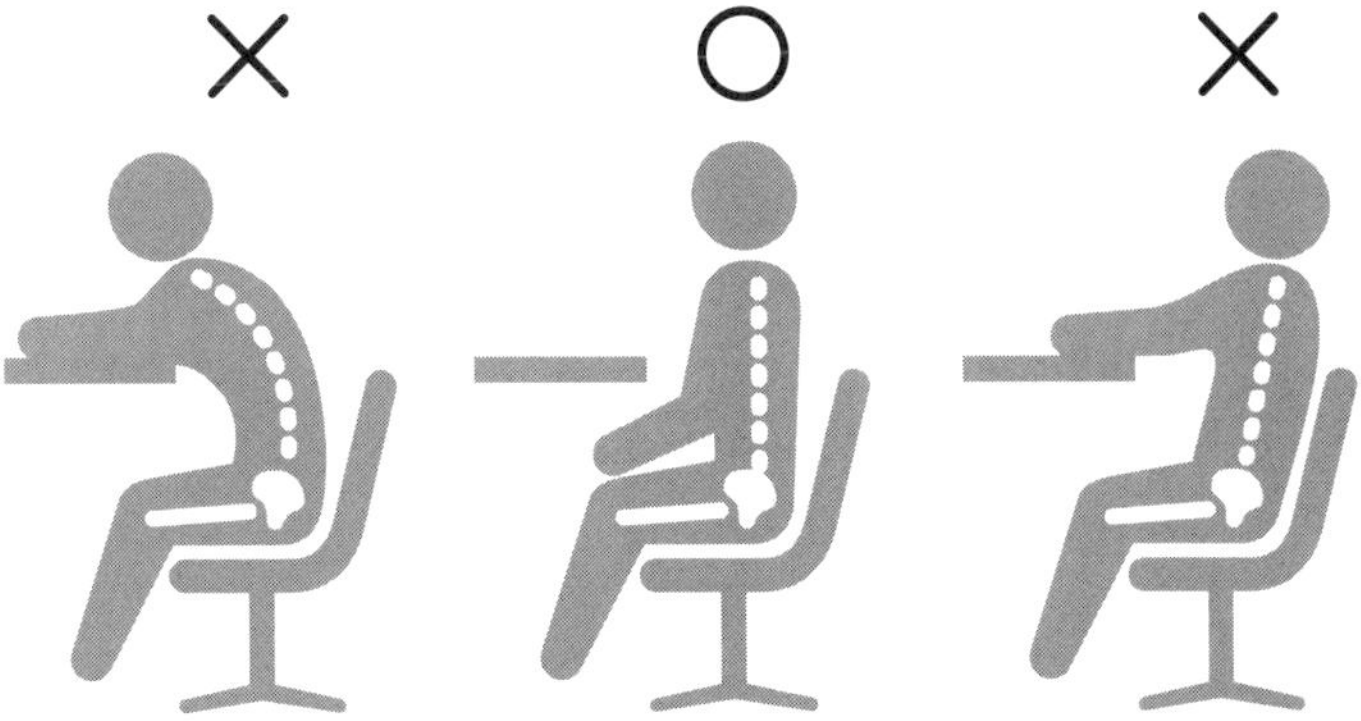

骨盤が立っている
状態

のものになっています。高さ調整問題をテーブルの方で解決できるようになっているのです。イスもテーブルも調整できないということであれば、パソコンの下になにか台を置いて調整するなどの方法もありうるでしょう。

ちなみに、**スタンディングデスク**というのも一時期、流行しました。座っているよりも立っている方が体に負担がかからず、また集中力が続くということで、立って作業できるような高さにまで机を調整できるものも販売されています。

個人的には、立っていると今度は足が疲れてしまうのと、スペースが狭く資料が広げられないものが多いので、個人的に本採用するには至りませんでした。立っていても苦にならない人、資料を広げたりせずパソコンだけで完結する人などは、スタンディングデスクという選択肢もありだと思います。その場合、疲れないクッション付きスリッパをはくなどのハックがまた必要になりそうです。

6 大型ディスプレイで作業効率を高める

在宅オフィスでこだわりたいのが大型ディスプレイ。自分のデスクがあってディスプレイを置きっぱなしにできるのであれば、できるだけ大きな画面のものを使うといいでしょう。私は、なんと幅１２０㎝もある49インチの**ウルトラワイドディスプレイ**を使っています。机一杯に広がる大画面は、どんなにウィンドウを開いてもストレスなく一覧できます。普段どれだけ横幅に制約を受けていたかを実感しました。

また、デュアルディスプレイという選択肢もあります。パソコンの画面と外部ディスプレイのふたつを使えば、かんたんにディスプレイの面積を拡大できます。デュアルディスプレイとして使うためのパソコンスタンドも販売されています。ほかにも、ＭａｃであればiPadをサブディスプレイとして使うSidecarと呼ばれる機能も実装されており、外部ディスプレイを使わなくてもディスプレイスペースを拡張することができます。

デュアルディスプレイにする場合、**ディスプレイごとに役割を与えておく**といいでしょう。パソコンのディスプレイはＳＮＳやチャット、テレビ会議などのコミュニケーション用、大型ディスプレイの方は作業用といったように、ディスプレイで作業を割り当てておくと、いくつもウィンドウが立ち上がっても混乱せずに頭がスッキリするはずです（脳の認知資源を節約できます）。私の場合、iPadを手元に置いて、ＳＮＳのやり取りはそこでチェックするようにしています。

ただ、こうして大画面にしたとき

Sidecar機能を使い、iPadでデスクトップを拡張
出所：Apple「Sidecar Whitepaper」

用途に合わせて大型ディスプレイ、タブレットなどを使い分ける

に問題になるのが、マウス操作です。大画面のはしからはしまでポインタを移動させるために、何度もマウスを持ち上げて移動させなくてはなりません。マウスによる移動距離を増やすよう設定してもいいのですが、そうすると今度は細かな作業がしづらくなります。なんどもマウスを持ち上げて移動させていると、最悪、腱鞘炎になってしまうでしょう。

　この問題を解決するために**トラックボール**を使っています。ボールをくるくる回すだけでポインタが動くので、マウスを持ち上げるような動作がいりません。大型ディスプレイでの作業とトラックボールは切っても切れないツールだと思っているのですが、あまり選択肢がなく、そのうち人気がなくて終売になってしまわないか心配です。

ロジクール「MX ERGO」
出所：ロジクールホームページ
https://www.logicool.co.jp

7 二酸化炭素濃度を1000ppm以下にする

在宅勤務の盲点が、空気です。オフィスのように広い空間であれば気にならない空気の汚れも、自宅という閉鎖空間であれば、大きなインパクトがあります。今回取り上げるのは、**二酸化炭素**。一般的に、濃度が1000ppmを超えたあたりから、思考に影響が出始めると言われています。

外の空気はおおよそ、400〜450ppmです。それが室内になると、人の呼吸だけでも、二酸化炭素濃度が上がっていきます。それで一時期、二酸化炭素測定器を持ち歩くようにして、会議で参加者が疲れてきたときにこっそり測ってみると、確かに1000ppmを超えている。ときには3000ppmをも超えていることもありました。3000ppmまでいくと、集中できないだけでなく頭痛もしてきます。眠そうにしている参加者は、実は会議に疲れたのではなく、二酸化炭素にやられてしまっていたのです。換気をした途端、参加者の様子も会議の雰囲気も、がらりと変わりました。

ただ、オフィスの場合、人の出入りもありますし、古いビルでない限りは空調もそれなりに行われているので、二酸化炭素が問題になることは少ないと思います。問題は、自宅、それもマンションです。最近の建物は特に気密性が高いため、たとえば４人家族が朝起きてリビングで朝の支度をしている間にも、１０００ｐｐｍを超えてきます。本当にあっというまです。在宅勤務でずっと部屋に閉じこもっていたりすると、空気の汚れにも気づかずに、そのまま作業を続けてしまったりもします。

私はデスクの端に**空気質モニター**を設置して、常に濃度を計測しています。二酸化炭素濃度が高くなると赤いライトで知らせてくれます。空気は目に見えないからこそ、こうしたセンサーによって確認することが重要です。

いつでも二酸化炭素濃度を確認できるように計測している

8 リビングに「ゆらぎ」を与える

在宅で仕事をしているとどうしても気が散ってしまい、カフェで仕事している、という人も多いと思います。雑音がゼロという状況がかえって落ち着かないわけです。オフィスは、他人の存在がちょっとした刺激になって、案外仕事に集中できたりする。似たような状況であるカフェのほうが、自宅より集中できるのです。

作家の中には、テレビをつけながら執筆するという人もいます。しかし、テレビをつけているとさすがに気も散ってしまう。どうもテレビほどの刺激ではない、しかしなにも音のしない空間のような無刺激でもない、ちょうどいい刺激が必要なようです。

このちょうどいい刺激というのを考えるとき、キーワードとなるのが**ゆらぎ**です。規則的でもなく、まったく不規則でもない、そのふたつが調和の取れた状態だといわれ、たとえば水の流れる音や波の音、暖炉の炎の揺れなどがそうです。

こうしたゆらぎを人工的に生み出す工夫も、さまざまあります。たとえばバルミューダの扇風機は、ふたつの羽が回ることで風がぶつかりゆらいで、自然に感じるという仕掛けになっています。同じように空間においても、適度な刺激を与えてくれるゆらぎが欲しいわけです。

私はこのゆらぎを作り出すいくつかの工夫をしています。そのひとつが、**外の風景**。できるだけ外の様子が見える場所で作業をするようにしています。風に揺れる木立や雲の流れ、太陽の光の変化などちょっとしたゆらぎが気持ちを和らげてくれます。

昔、コワーキングスペース内にオフィスを構えていたのですが、まったく窓のない部屋だったため、外の様子がまったくわからず、気が滅入ってしまいました。窓から見える風景は重要です。

また部屋の中でも、ゆらぎを加える装置を置いています。それが、**水槽**。カフェは、他人の存在自体がゆらぎとなっています。水槽の中の小さな魚もまた、空間に揺らぎを与えてくれるのです。

これがやり始めたらはまってしまいました。メダカを飼うようにしたのですが、一般的なものであれば値段も安く手頃ですし、世話も楽です。旅行中、数日間エサをやらなくても大丈夫なので、犬猫のように行動を制約されてしまうこともありません。春になると夕マゴを産み、それを孵化させて育てるのも楽しみです。

最近ではメダカを飼うのがブームになっているらしく、こだわっていけばさらに一匹数千円から数万円のような希少メダカの飼育といった楽しみもあるようです（個人的にはそこにはこだわりはありませんが）。

ほかにも、ネイチャーアクアリウムという分野があり、魚が主人公ではなく、そのなかの水草をレイアウトして楽しむことも流行しています。水草の中で魚の食べ残しなどを掃除するエビの様子なども愛らしく、時間を忘れて見入ってしまいます。

アクアデザインアマノ「ネイチャーアクアリウム」
@AQUA DESIGN AMANO

もう少し手のかからないところで言えば、**観葉植物**もおすすめです。空気の流れに合わせて揺れる植物の存在は、目にも優しく、気分を和らげてくれます。また、光合成によって二酸化炭素を減らしてくれますので、空気の質を高めてくれる効果も期待できます。

以前、松竹の新規事業開発の仕事をしていたとき、もともと倉庫だったような場所を（まさにシリコンバレーのガレージのように）オフィスにして仕事をしていました。狭い部屋で環境も悪かったため、たまらず観葉植物を置きました。狭い部屋であればあるほど、植物のもたらすいやし効果は絶大だと感じます。

それから、私は使っていませんが、**バイオエタノール暖炉**という選択もあります。火のゆらぎは魅力的で、焚き火やローソクの炎のゆらぎに見入ってしまった経験は、誰しもあるのではないかと思います。その有機的な、ランダムのようで秩序もあるような状態が、心地よいのです。ただ、値段が高く、場所を取る、火気の危険がある、気温の上がる夏には使えないといったデメリットもあります。

9 自宅の窓をデジタル化する

さて、窓もなく水槽や観葉植物を置くのが難しいというときにはどうすべきでしょうか。最近だと、こうした問題をデジタル的に解決する方法があります。

たとえば、任天堂の元エンジニアが開発した窓型スマートディスプレイの**Atmoph**

Windowは、世界中のさまざまな風景を映し出すことができ、そこに擬似的に窓を設置することができます。遠くから見ると写真のように見えますが、実際には映像として撮影されており、ちょっとずつ風景が変化しています。音声もついているので、その場の雰囲気を感じ取ることができます。

オンラインで世界中のさまざまな風景をあとから購入してダウンロードできるので、ある風景に飽きたら、また別のものに変えていくことができます。暖炉の火という映像もあり、さきほど紹介したバイオエタノール暖炉が難しくても、映像であれば簡単に楽しむことができます。

ほかにも、アートデジタルフレームのFRAMED*

自然の景色を楽しむ「Atmoph Window」

クールなアートデジタルフレーム「FRAMED*」

10 在宅勤務のための音楽セレクション

という選択もあります。これはデジタルアーティストによる映像を配信するプラットフォームになっており、ダウンロードしたメディアアートをここに表示して楽しむことができます。Atmoph Windowと同様、緩やかに動く動画コンテンツになっており、空間の中にちょっとした動きを加えてくれます。

開発したのはデジタルアーティストとして有名な中村勇吾さん。デザインも洗練されていますし、中のアートコンテンツもかっこいい。部屋のインテリアとしてもおすすめです。

こうしたデジタルウィンドウ。いずれも緩やかに動いているという特徴があります。つまり、少しずつ動くことによって、**時間を感じさせる**ということが重要なんだろうと思います。まったくの閉鎖空間では、時間が感じられません。緩やかな一日の変化、ちょっとしたものの動きによって時間の流れが感じられて、気持ちが落ち着くのです。

こうしたゆらぎを加えるもうひとつの効果的な手段が、**音楽**です。さすがにオフィスでは好きな音楽をかけて仕事をすることはできないですが、自宅では誰も咎める人はいません。ここぞとばかりに好きな音楽をかけ、テンションを上げて仕事をしましょう。

その選曲ですが、私は仕事用にさまざまな**プレイリスト**を活用しています。Apple Music のプレイリストには、「カフェミュージック」などの場面別のプレイリストや、「勉強がはかどるビート」や「読書にどっぷり」といった目的別のプレイリストがあります。

個人的に気に入っているのが、「空港での待ち時間に聴くリラックスプレイリスト」。飛行機移動が多いアメリカらしいプレイリストだと思います。Spotify でも、「勉強」というジャンルがあり、「Music for Concentration」や「Study Beats」といったさまざまなプレイリストが準備されています。

選曲の傾向としては、リラックスしたり発想を広げたりするときにはアンビエント系の環境音楽、作業を集中してこなしていくときには、早歩きくらいのリズムのビートの強い音楽が選ばれている

音楽の聴き方ですが、私は**ノイズキャンセル機能付きワイヤレスイヤホン**で聴くようにしています。大人気のAirPods Proは、キャンセリングした瞬間にふっと外部音が消えて、世界に没頭できる感じが好きです。部屋の中でもエアコンや冷蔵庫の音など、普段は意識しないけれどもずっと鳴り続けているノイズがあったりします。そうしたノイズが消えて、フッと仕事に入り込める感じがいいですね。

耳につけている感覚が窮屈だという人には、**ネックスピーカー**という選択肢もあるでしょう。SONYのSRS-

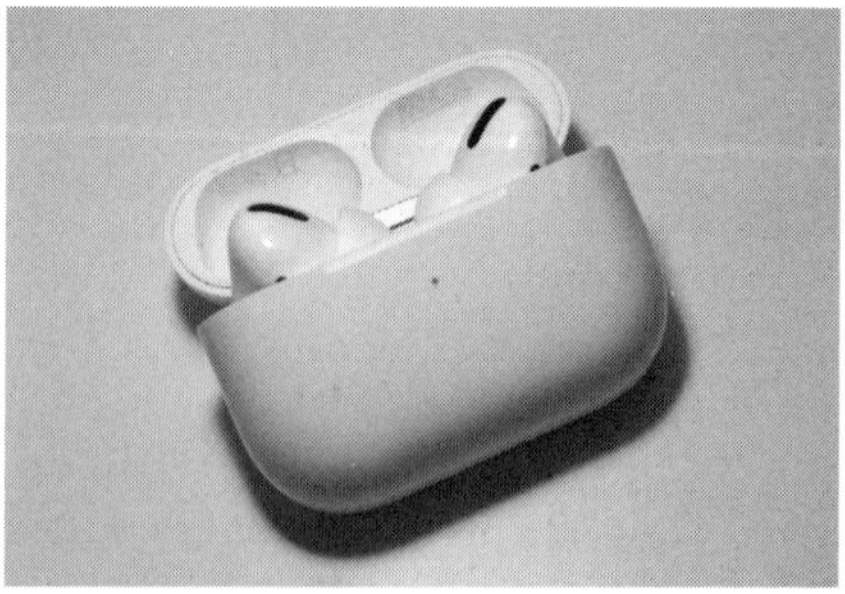

Apple「AirPods Pro」

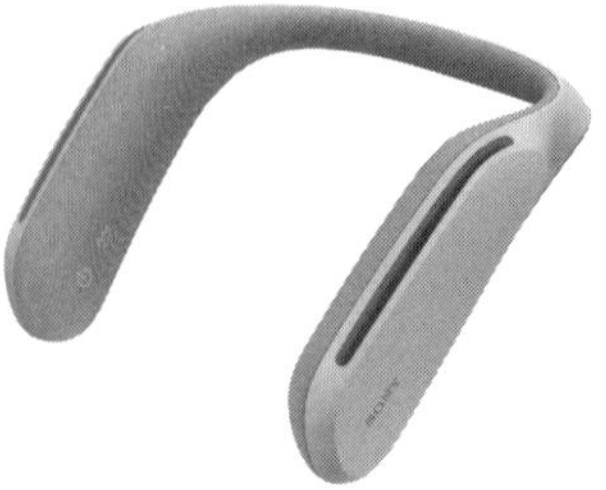

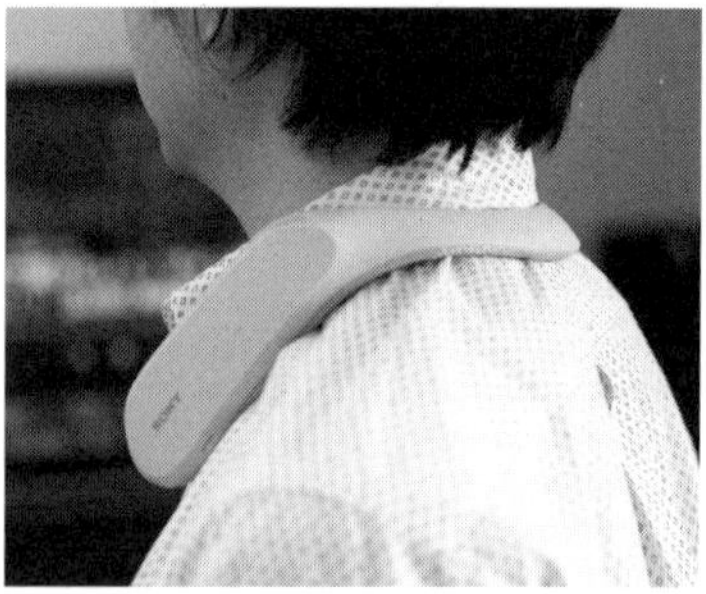

SONYのネックスピーカー「SRS-WS1」

WS1は、テレビを大迫力の音響で楽しめるということで、大ヒットしました。このSRS-WS1は映画やゲームを楽しむことがメインの商品であり、独自のワイヤレス規格を使って遅延を減らしています。在宅勤務しながらテレビを楽しむのにおすすめです。専用の送信機を有線でテレビやPC、スマートフォンに接続すれば、スピーカー自体にケーブルを接続しなくても聴くことができます。すべてを無線で、ということになれば、Bluetooth接続のBOSE SoundWearなども選択肢になるでしょう。

また、AfterShokz Aeropex骨伝導ヘッドホンは、耳をふさがないオープンイヤー式で、周囲の音を聴きながら使うことができるので、家族が呼ぶ声や、来客や宅配便のチャイムの音も聞き逃すことがありません。軽く音楽を流しながら使ったりもできますし、オンライン会議で自分の声がこもることもありません。骨伝導なので騒音の多いところでもよく聞こえますし、今やオンライン会議の必需品です。

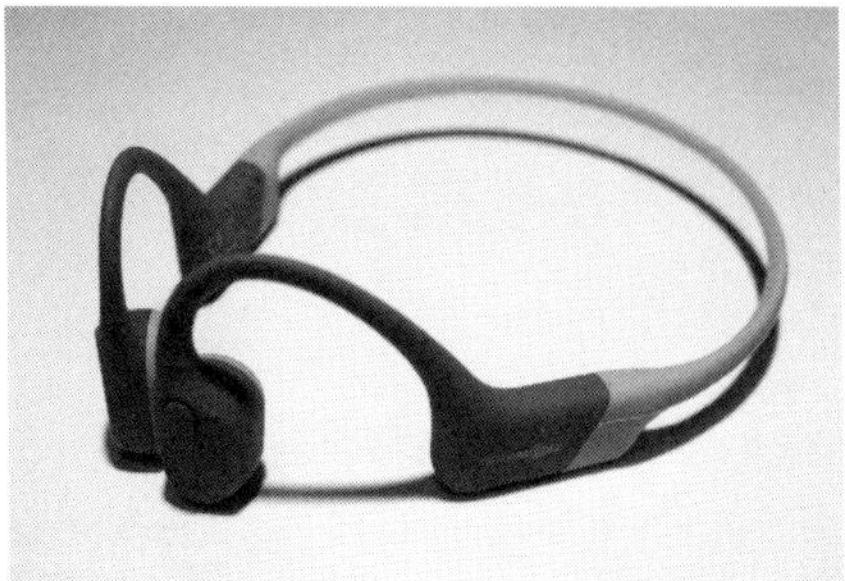

26gと軽く、長時間つけても疲れない「AfterShokz Aeropex」

私の場合は、かなり贅沢なのですが、部屋にAppleのHomePodを二台置いています。HomePodは空間認識能力をもっていて、音の反響などを計算して最適な音の出し方を計算します。二台置くと自動的にステレオスピーカーとして機能し、空間の中に立体的な音像を演出してくれます。

ちょっと疲れたときにはイヤホンではなく、HomePodが生み出す音空間の中で目を閉じて休むのが、なによりのストレス発散です。

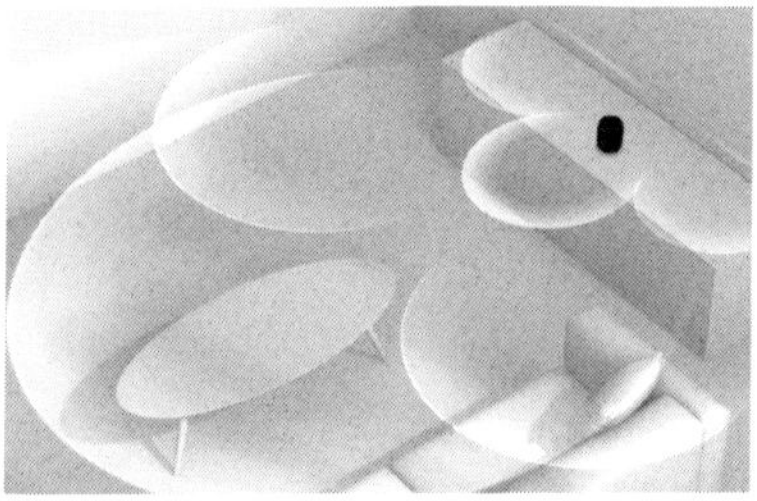

HomePodの音の反響イメージ
出所：Appleホームページ
https://www.apple.com/jp/homepod/

11 香りで心をコントロールする

気持ちのコントロールに効果的なものに、**香り**があります。ちょっと高級なホテルなどに行くと、入り口でふわっとアロマのいい香りがしてきたりして、空間がラグジュアリー

アロマの種類と効能[7]

種類	効果・効能	代表的なアロマ
ハーブ系	さわやかで清涼感のある香りが特徴。呼吸器系に作用する。	ハッカ、ペパーミント、クラリセージ、ローズマリー
柑橘系	オレンジなどに代表される、みずみずしくさわやかな香り。心身のリフレッシュに最適。	オレンジ、レモン、グレープフルーツ、ライム
フローラル系	いわゆる花の華やかで甘い香りが特徴。リラックス効果が得られる。	ローズ、ラベンダー、ゼラニウム、ジャスミン
樹脂系	甘く濃厚な香りのものが多く、香りの持続性も長い。フローラル系よりも高いリラックス効果が特徴。	フランキンセンス、ミルラ、ベンゾイン
スパイス系	ピリッとした香りで、心身のリフレッシュに加え、防腐作用があり胃腸にいい。	コリアンダー、ブラックペッパー、ジンジャー
樹木系	森林の中にいるような、緑の清涼感あふれる香りが特徴。鎮静、消毒などの作用あり。	ヒノキ、ユーカリ、シダーウッド、ティートリー
エキゾチック系	お香に使われるような、アジアの異国情緒を彷彿させる香り。気分を落ち着かせる効果がある。	イランイラン、サンダルウッド（白檀）、パチュリー、ベチパー

7「アロマテラピーの効果とメカニズム」、https://eonet.jp/health/special/special73_1.html、eo 健康

に感じられたりします。さすがにオフィスでアロマは焚けませんが、自宅ならもちろん、問題ありません。

アロマは香りによってさまざまな効果があります。シチュエーションに合わせて工夫するといいでしょう。柑橘系であればスキッとさせる、ラベンダーのようなフローラル系であればリラックス、樹木系であれば清涼感、というようにです。

私はフローラル系のラベンダーと、樹脂系のフランキンセンスを使っています。特にフランキンセンスは、アロマオイルの王様と呼ばれるほど、神聖な香りとして扱われています。

こうしたアロマを拡散して楽しむ機器、いわゆるアロマディフューザーにはいくつかタイプがあります。アロマポットやアロマランプのような**加熱式**のほかに、ミストを出すことでアロマオイルを拡散する**超音波式**、アロマオイルを微粒子化して放出する**ネブライザー式**などです。

加熱式だと拡散の範囲が限られ、また超音波式は水の補充が面倒です。音が少しうるさいのですが、効果がしっかり出て、香りが広範囲に広がるネブライザー式を使っています。電源を入れるとぱっと香りが広がり、その効果を実感します。

空間に拡散する方法以外に、肌につけて香りを楽しむ方法もあります。私は昔から、**ニー**

ルズヤード レメディーズのアロマパルスという携帯アロマを使っています。ロールオンタイプとなっていて、ロールを肌の上で転がすようにしてアロマを塗り、手首や首筋などにつけて楽しんでいます。種類もリラクセーション、パワー、ナイトタイム、スタディ、トラベルといった用途別に用意されています。

私は、ラベンダーの香りが心地よいリラクセーションを使っています。特に出張先のホテルでしっかり疲れを取りたいときに、このオイルをつけて寝るようにしています。

持ち運びもしやすい「アロマパルス」

12 ベランダをオープンカフェにする

マンションに住んでいる人であれば、ベランダにイスとテーブルを用意して**オープンカ**

フェとして活用するのもおすすめです。季節や天気を選びますが、過ごしやすい時期であれば、パソコンを持ち出してコーヒーでも飲みながら作業するのです。密閉空間で長時間仕事をすると気が滅入ってきます。そうしたときに、ベランダでくつろぐ時間を作る。気分転換にぴったりです。

天気がよく、季節もよければ、公園で仕事をするなんてことにチャレンジしたこともありました。さすがに公園のイスでは長時間働くことは難しいですが、時間の流れが緩やかに感じられて、仕事のストレスを感じない幸せな時間を過ごすことができます。

いずれの場合も、なにか作業を行うというよりは、アイデアを考えるような創造的な仕事に使うとよいと思います。

実は、アメリカのマンションにはベランダはあまりついていません。それはひとつには服は乾燥機で乾かしてしまうため、洗濯して干すという習慣がないということも一因です。日本ではベランダがないと服を干すことができません。

もうひとつは、外に開かれた空間がないと落ち着かないという日本人ならではの独特の感覚があると言われています。もともと、日本家屋にとって庭というのは、客人《まれびと》としての神様をお迎えする場所でした。マンションになってそうした庭を持てなくなったときに、

ベランダが神様を迎えるための庭の役割を果たしているのではないか。建築家の上田篤さんは著書『庭と日本人』（新潮新書）でそう指摘しています。ベランダがないと、神様を迎え入れることができず、外国人以上に閉塞感を感じてしまうのです。

ベランダというのは、そうした神様を迎え入れる場所であり、またそれは言い換えると、外からやってくる**インスピレーションを受け取る場所**でもあるのです。

13 意志と環境

自由意志は本当にあるのか。20世紀になって心理学の研究が進む中で、実は人の行っている決定が、決定したと自分が意識するよりも先に、無意識に行われていたということがわかってきました。[8]

たとえば、「ペットボトルの水を飲む」という行為も、自分が飲もうと思って手をのばすよりも先に、実は脳の中で無意識に飲むことが決定されてしまっている。あとから、それが自分の意志だったかのように錯覚する。そうやってすべて無意識のうちに決定されてしまっているとしたら、人間の自由意志はどこにあるのでしょうか。これらのことから**「自由意志は幻想だ」**という主張がなされるようになりました。

自由意志が本当に存在するのかどうかという議論はさておき、私たちは想像する以上に環境からの影響を受けており、その影響下にある無意識の中でかなりの決定を行っているという可能性を受け止めたいと思います。つまり、「仕事に集中しよう」という意志の力を信じるのではなく、「つい仕事に集中してしまう」という**環境の力**をこそ、信じるべきではないかと思うのです。

こうして、意志の力を過信せず、環境を変えることで自分を変える。これは、オフィスにいると気づきません。なぜなら、環境を自分勝手に変えることができないからです。そうして変わらない環境の中で成果が上がらないと、常に自分のせいにして追い込んでしまうことになります。在宅勤務であれば、そこに**「環境を変える」**という別のアプローチが存在しているわけです。

8 1983年のアメリカの生理学者ベンジャミン・リベットの研究によれば、意識的な決定を表すシグナルの0.35秒前に、無意識的な「準備電位」が現れているという。「『自由意志』は存在する（ただし、ほんの0.2秒間だけ）：研究結果」、https://wired.jp/2016/06/13/free-will-research/、WIRED、2016年。

今までの働き方は、18世紀の産業革命以降の遺産を引きずっていました。労働を、客観的な勤務時間によって計測する、という遺産です。しかしこれからは違います。在宅勤務という、勤務時間が計測不能な状況におかれた結果、産業革命の亡霊から解放され、新しい働き方に移行することになった。成果を基準とした働き方です。

オフィスと在宅勤務の一番の違いは、他人の目があるかないか。自分でぜんぶ、コントロールしなければなりません。だらけていても、テレビを見ていても、誰も何も注意しない。そんな環境で、ある人は全然仕事が手につかなくなり、またある人はかえってがんばりすぎてしまう。問題は、「どうやって自律するのか」にあります。

本章では、どうやって自分の行動をマネジメントすればいいのか、在宅勤務の「行動管理」のハックに触れていきたいと思います。ただこれは「オフィスにいたときと同じようなアウトプットを実現する」ためではありません。オフィスの3倍の濃度のアウトプットを実現するための、在宅勤務だからこそできる新しい働き方を提案するものです。

第2章

行動管理ハック

オン・オフを切り替え、アウトプットを最大化する

14 着替えはオン・オフを切り替えるトリガー

在宅勤務で重要なのが、**オン・オフの切り替え**。オフィスであれば始業と終業ははっきりしていますが、在宅勤務だとここが曖昧になります。この切り替えがうまくいかないと、仕事になかなか取りかかれなかったり、仕事をダラダラ続けて長時間労働になってしまうのです。まずは、そうした事態を避けることが大切です。

そのオン・オフの重要なトリガーが、**服**です。

在宅勤務だと服装に気を使わなくていいので、ついダラッとした服、ときにはパジャマのまま仕事をしてしまったりします。こうしたゆるさが在宅勤務のいいところではあるのですが、一方で切り替えができない弊害にもなります。

堅苦しいスーツを着る必要はありませんが、ちゃんと外に出て買い物に行ける程度には着替える。これだけで気分が変わります。朝、近くのコンビニまで出かけてコーヒーを買うのを日課にしてもいいでしょう。一度外に出ることで、気分をオンにすることができま

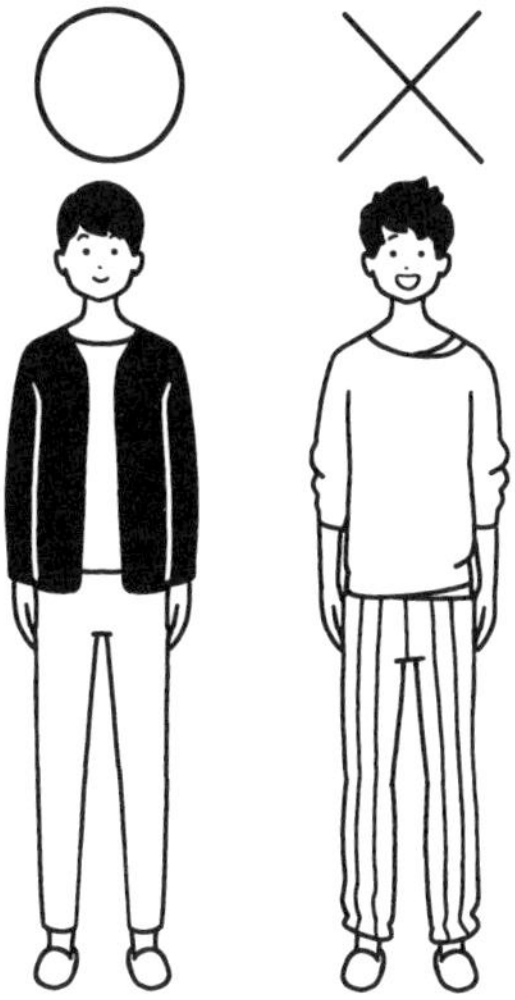

す。

男性であればひげそりも、切り替えには効果的です。女性であれば軽くお化粧という感じでしょうか。まずは身だしなみを（出社するほどでないにしろ）整えて、戦闘モードに入るわけです。

そして仕事が終わったら逆に、リラックスする。海外の調査によれば、プライベートと仕事の時間の区別が曖昧になり、テレワーカーは長時間労働になりやすいという結果が出ています。[9] 通勤時間を削

9 海外の研究では長時間労働になりやすいという結果が出ている一方で、日本においてはテレワークの労働が長時間化する傾向は認められないという研究もある（萩原牧子、久米功一「テレワークは長時間労働を招くのか―雇用型テレワークの実態と効果―」https://www.works-i.com/research/paper/works-review/item/171120_wr12_06.pdf、2017年）。

減することでワーク・ライフ・バランスが実現できるかと思いきや、その分、労働時間が延びてしまい、バランスがむしろ悪化してしまうケースもあるのです。

オフにする方法はいろいろありますね。仕事終わりであれば簡単です。お酒を飲むのもいいですし、お風呂に入ってパジャマに着替えれば一気にリラックスするでしょう。服から受けている影響は、想像以上に大きなものです。ネクタイをほどいたり、ベルトを緩めるとホッとするように、服によって体を締め付けたり緩めたりすることで、オン・オフを切り替えることができます。

15 仕事を始めるルーチンを持つ

作家にはよく、「鉛筆削りから始める」というような**仕事を始めるルーチン**があります。片岡義男は鉛筆を削り始めると、他人からじゃまされない自分の世界に入っていくことができたそうで、その結果、机の引き出しの中には何十本もの鉛筆があったのだとか[10]。鉛筆が必要だから削る、のではなく、自分の世界に入り込み、やる気を出すために鉛筆を削っていたのです。

スポーツ選手も同様です。プロ野球選手といえども、雨で試合が中止になるとうれしかったと語っている選手もいました。気持ちの乗らないときにも同じように試合にでなくてはいけない。そんなときに選手は、さまざまなルーチンを決める。イチローも、選手時代はウォーミングアップの順番からグラウンドに踏み入れる足まで、すべてが決まっていたそうです。

友人は、書類を破ることから一日をスタートするという話をしていました。ビリビリと不要となった書類を破り捨てていると、ストレス解消になると同時に、体も動かすものだから、目も覚める、一石二鳥だと。

なぜルーチンが効くのでしょうか。なんの意味もなければ、こんなルーチンなどやらなくてもいいはずです。しかし、さまざまな領域のプロフェッショナルがやっているのであれば、なにか効果があるはずです。

その効果についてはいろいろあると思いますが、ひとつには、ルーチンをやっているときに**その日の仕事の全体像をイメージできる**ことが大きいのではないかと思います。プロ野球選手であればスタジアムの状態や天候、その日のチームメンバー

10 片岡義男『アール・グレイから始まる日』、角川文庫、1991年。

の動き、相手選手の様子などを頭にインプットしながら、イメージを膨らます。この作業は無駄なように見えて、あとあと試合の中で生きてくるわけです。

同様に仕事においても、いきなり作業に取り掛かるのではなく、自分のその日の調子も含め、一日の仕事全体をイメージする。イメージができてしまえば、手が動き始める。行動ができるのです。

このイメージ作り、意識的にというより無意識のうちに、というのがポイントです。意識をしないとできないような作業だと、潜在意識がうまく働きません。顕在意識のほうが前面に出てきて、潜在意識は後退してしまいます。だからこそ、なにも考えずにできるようなルーチンが重要なのです。

16 やる気が出ないときはハードルを下げる

これは心理学の実験でも言われているのですが、人がやる気になるためには、作業に取り掛かるのが一番だということ。やる気が出て作業を始められるという順番ではなく、作業をやっていく中でやる気が徐々に出てくる、気分が乗ってくるということなのだそうです。

どれくらい作業をすればやる気が出るかということも、実はわかっています。音響機器メーカーのGNネットコムジャパンの調査によれば、集中するまでにかかる時間は平均23分だそうです。[11] 25分はちょうど集中するまでの時間であり、そこまで作業をし続けることが重要なのです。

ということは、「仕事のやる気が出ない」ときにはどうすればいいかというアドバイスは、**「仕事をやり始めて、23分続けろ」**ということになります。やればやる気が出てくる。なんだか木で鼻をくくったような答えですが、これが真実です。

しかし、それでもやる気にならないときには、**取り掛かる作業のハードルをどんどん下げてみる**ことです。

パソコンでなにかの文章を書くという仕事があったとします。しかしやる気が出ない。そのときに、「4000字書こう!」というよりも、まずはタイト

11「オフィスの『ちょっと一瞬いい?』は一瞬ではなく平均23分の集中力を奪っている――生産性アップのための『遮音の問題』を考える」、https://diamond.jp/articles/-/64150、ダイヤモンド・オンライン、2014年。

ルを考えようという方がハードルが低い。さらに、Wordファイルを新規作成して、ファイルに名前を付けて保存しようという方が、圧倒的にハードルが低くなります。さらに、パソコンを開いて机に向かってイスに座る、机の上を掃除する、デスクライトをつけるというところまでハードルを下げれば、どんなにやる気がなくても、すぐできるはずです。

また複数の仕事があれば、必ず簡単な方から終わらせていきます。ハードルが低いからです。そうして勢いに乗ってきたときにようやく、難しい仕事に取り組む。この原理原則を知っているだけでも、自分のやる気のコントロールがうまくできます。

17 ストレッチで頭を再起動《リブート》する

仕事の途中で集中力が途切れてしまった場合にも、再度やる気を出すスイッチが必要です。いろんなプロセスが重なって遅くなった**パソコンを再起動《リブート》**するようなイメージですね。

人によってはコンビニに行くというものだったり、コーヒーブレイクをいれるということだったり、ちょっと散歩するというものだったり、いろいろあると思います。総じて、

顕在意識と潜在意識の関係

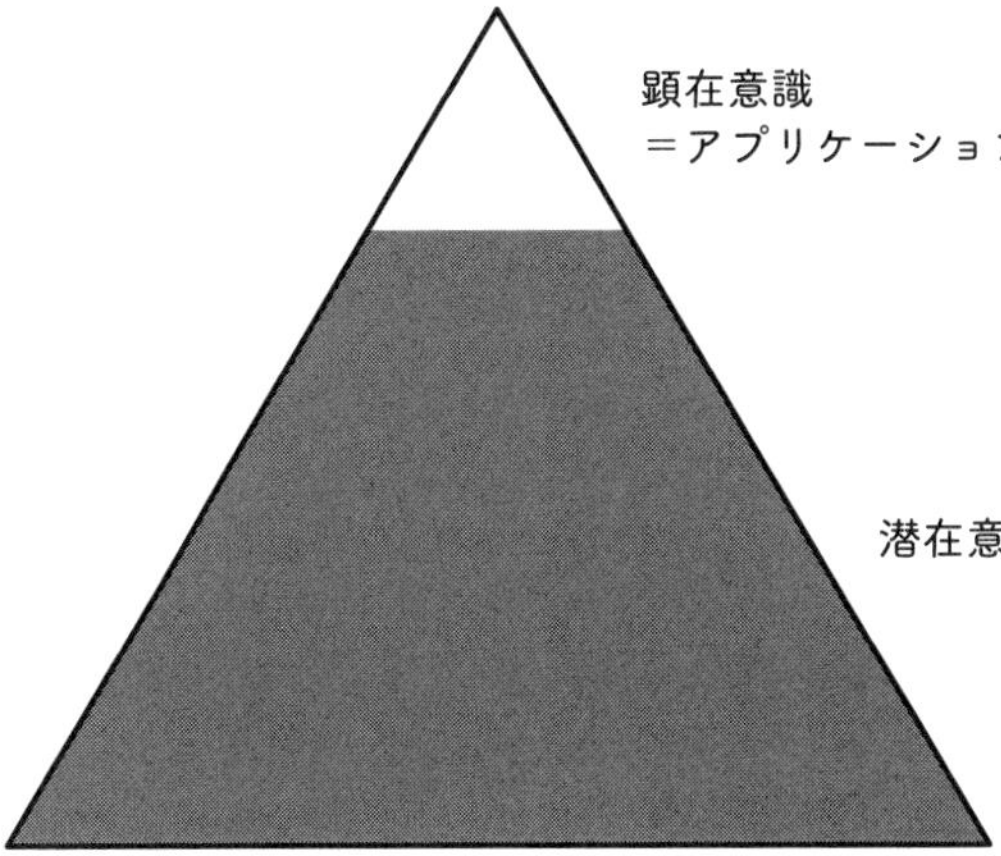

気分を変えるために、一旦仕事から離れて体を動かしたり、脳に刺激を与えるような作業をしています。

在宅勤務であれば、自宅で軽い運動もできます。オフィスでは絶対にできませんが、自宅ならヨガマットを敷いて軽いストレッチをするといったこともできます。

結局、潜在意識こそが、人にとってのOS（基本ソフト）なのです。意識的に行っている作業というのは、その上で動いているWordやExcelのような各種アプリケーション（顕在意識）であり、そのアプリケーションの処理速度は、OSの状態に依存するのです。同じように作業をしていても、OSの状態が良ければ集中して速度は上がるし、一方でOSが重たくなっていれば遅々として進まないということになるのです。

そしてその潜在意識を再起動するには、意識的な思考ではなく、無意識的な身体的働きかけが重要になるのです。**体を動かして頭を一旦からっぽにする**、という自分なりの再起動スイッチをつけてみるといいと思います。

18 ポモドーロ・テクニックと座禅

集中して仕事をするためのハックとして、**ポモドーロ・テクニック**はご存知でしょうか。25分集中して、5分休むというルーチンを繰り返すというシンプルなもの。25分で訪れる締め切りが、仕事への集中力につながっていきます。

ポモドーロというのはイタリア語でトマトを意味し、ちょうどトマト型のキッチンタイマーで時間を測っていたことから、その名前が付きました。この原稿も、ポモドーロ・テクニックで書いています。

集中して仕事ができるポモドーロ・テクニック

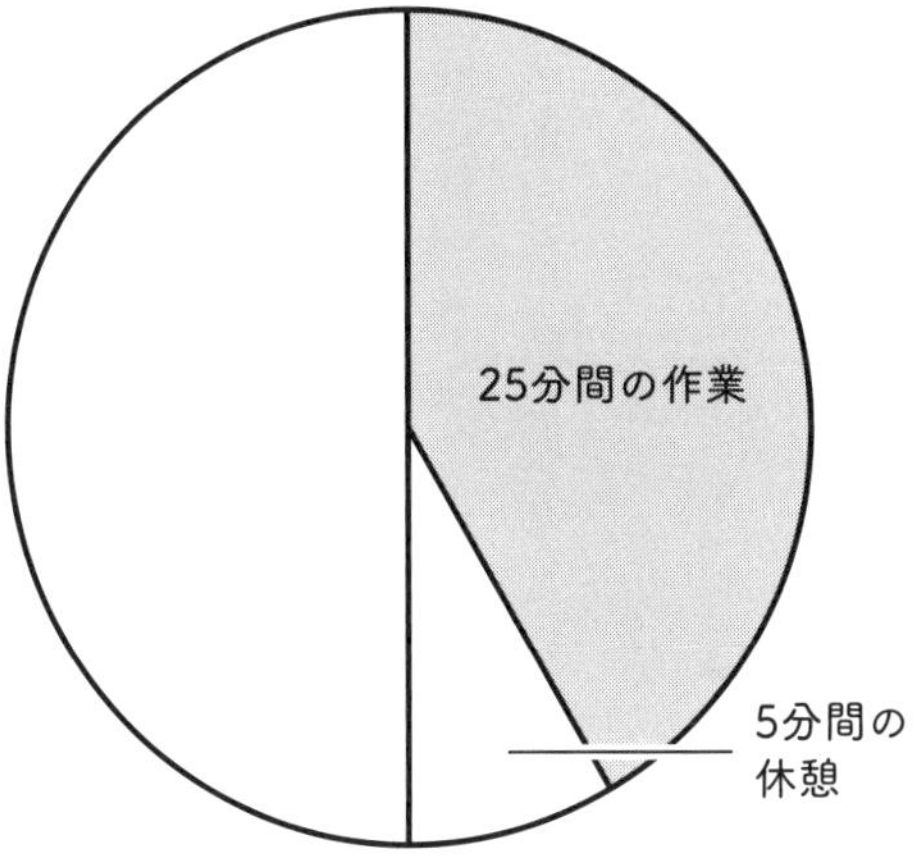

ちなみに25分の時間を測るのには、スマートウォッチが便利です。私の場合、Apple Watch の画面にタイマーのアイコンを表示させておき、すぐ25分のタイマーをスタートできるようにしています。消音設定にしているので、スマホのタイマーと違って、振動だけで25分を知らせてくれます。周りの人の迷惑になることなく、時間管理ができるのです。

それにしても、なぜ25分という設定は効果を上げるのでしょうか。

潜在意識というのは、基本的に大脳辺縁系の働きです。不安や悲しみ、喜びといったさまざまな感情や、他人の感情への共感、記憶などを司っています。急に襲ってきた不安に翻弄されたり、うれしさが抑えきれずに表情に出てしまったりするように、大脳辺縁系の働きは意識的にコントロールできません。集中力を自分でコントロールできないのも、同じ原理です。仏教の座禅などは、こうした大脳辺縁系の働きに翻弄されないための修行ともいえるでしょう。

修行をすることなく大脳辺縁系をうまくコントロールするには、大脳辺縁系の役割を考えてみるといいでしょう。大脳辺縁系は大脳新皮質に比べると古い脳であり、生物が生き残る本能的な機能をもっています。周りにある危険を察知して、それを群れとして回避するために感情が効果的に機能したわけです。

そういうふうに考えると、25分というデッドラインは、その言葉通り、生死を分けるような境界線として機能し、潜在意識のほうから危機感を醸成して、自分を駆動させる効果を発揮させるといえるのです。ポモドーロ・テクニックの間、私たちは25分ごとに一度死を迎え、そして生まれ変わる。**生死の境界としてのデッドラインによって、高度の集中力が引き出される**のです。

19 レコーディング仕事術がもたらすフローの効果

ポモドーロ・テクニックとあわせて、私はアウトプットした量を記録するようにしています。たとえば本を書く場合、執筆した字数をExcelに記録していきます。そうすると、今の25分間が集中できたのか、できなかったのか、すぐに分かります。

私の場合、だいたい25分で1000字が目安で、それを超えれば集中できていたという証拠です。昔、レコーディングダイエットというのが流行りましたが、それにならって**レコーディング仕事術**と呼んでいます。

心理学者のミハイ・チクセントミハイは、人が高度に集中して周りが気にならなくなる、いわゆる**フロー状態**がどのように起こるかという研究で有名です。たとえばスポーツ選手が集中した状態になると、途中から歓声がまったく聞こえなくなる、無の状態になるという話を聞きます。そうした集中状態に入ると、パワーがみなぎり、疲れを感じなくなり、思い通りに体が動くといわれます。

そのフロー状態に入るための条件のひとつに、**即座のフィードバック**というものがあります。行ったことの結果がすぐに返ってくると、人はどんどん集中していくのです。

ゲームなどがその最たる例なのですが、コントロールがうまくいったのかどうか、すぐに結果がわかるので、どんどんのめり込んでいきます。このレコーディング仕事術は、まさに直近25分の結果をすぐにフィードバックする機能を果たすのです。

ちなみに今、これを書いていた25分は１０２９文字でした。悪くない数字です。

在宅勤務においては、このフロー状態へと入ることが、生産性を左右する非常に重要なキーになります。オフィスにおいては、周りに人がいる環境の中で、声をかけられたり、電話がかかってきたりして、実はフロー状態に入りにくい。

私が在宅勤務において大量のアウトプットができたのは、在宅勤務だからこそ。オフィスではできないようなフロー状態に、自分を置くことができるからなのです。

20 午後三時に締め切りを入れる

さて、フロー状態に入るためのコツはまだいくつかあります。さきほど紹介した、即座にフィードバックするという以外に、**「時間的制約の中に身を置く」**というものがあります。ポモドーロ・テクニックでも触れた締め切り効果ですね。

在宅勤務の場合、決まったお昼休みもなく、時間の区切りがありません。打ち合わせも少なくなりますし、人に時間の制約を与えられることもありません。終業の時間もあいまいになっていきます。どんどん締め切りがなくなっていくのです。気づいたら外は暗くなり、すっかり夜になっているのに仕事は終わっていない。そんな悲惨な状況に陥ったりもします。

在宅勤務の場合、かなり意識的に締め切りを設定しないと、どんどん流されていってしまいます。ポモドーロ・テクニックは、25分ごとに訪れる締め切りが、集中力を高めてくれる仕組みでした。

ポモドーロ・テクニックだけでなく、一日の中で長めの休みも、適宜入れていきましょう。お昼休みの時間も必ず休憩をとるべきですし、他にも午後三時の休憩は非常に重要です。お昼ごはんを食べた後は、一時的に生産性が落ちます。昼食の消化のために胃に血液が行ってしまうので、どうしても頭がぼーっとしてしまうためです。その状態を長く続けることがないように、**三時に必ず休憩を入れる**のです。

そうすることで、午後三時を締め切りと見立てて作業に集中できます。その休憩に入る時間を締め切りと捉えて、「ここまで終わらせるぞ」と思って作業を進めることができ、結果、お昼休み後の中だるみを最小限に留めることができるのです。

ほかにも、30分後にコンビニに行く、1時間後にゴミ捨てに行く、というような締め切りも効果的です。外出してしまえば仕事はできません。仕事ができない状態に身を置けば、はっきりとした仕事の区切りになり、締め切り効果も高まります。

21 在宅勤務の時間割を作る

学校では時間割があります。小学校であれば45分、中・高校は50分、大学になると90分などの時間に区切られています。在宅勤務もこうした**時間割を作る**ことをおすすめします。

区切る時間の単位は、たとえば2ポモドーロと休憩を含めた1時間くらいでいいと思います。同じ作業を長時間やっていると飽きてくるので、その前に時間割に合わせて作業を切り替えるのです。午前中に2コマ、午後に4コマという感じで時間を区切ることができます。

ここで重要なのは、**一度にひとつのことに集中して取り組む**ということです。複数のプロジェクトが進んでいても、その時間はそのことだけに集中する。国語の時間に、数学のことを考えないように、ということです。仕事に集中できない人は結局、雑念にとらわれていて、今目の前にある仕事にフォーカスが定まっていないのです。そうならないように、時間割を組むわけです。

時間割を作る

1時間目	クラスルーム（報告、連絡）
2時間目	国語（書類作成）
昼食	
3時間目	面談（ミーティング）
4時間目	算数（Excel作成）
5時間目	体育（散歩）
6時間目	社会（情報収集）

時間割がうまく組めるようになると、キャリアはどんどん複線化していきます。私の場合、本業の企業コンサルティングのほか、地域活性化の取り組み、大学院での教職、大学院での学習（博士論文の執筆）、本の執筆、社団法人の経営、ギター、能など、学校のカリキュラム並みに多様な科目に取り組んでいます。

重要なことは、これらを同時にやらないということ。必ずひとつひとつ、集中しながらやります。もちろん、それぞれにいろいろな不安要素がありますが、そうした不安は一度忘れて、**今目の前にある課題に全力投球する**のです。

22 朝はアウトプット、夜はインプット、睡眠中に問題解決

時間帯によって作業の内容も変えていくといいでしょう。基本的に**午前中はアウトプット**がおすすめです。頭がスッキリした状態ですし、まだ疲れていないので、スピード感を持ってアウトプットすることができます。お昼ごはんの前までに一通りの仕事を終えてしまうという気持ちで取り組むと、締め切り効果も発揮されます。

時には「朝飯前」と呼ばれるように、朝食を食べる前に済ませてしまうこともあります。寝起きの頭というのは、経験上、アイデアが降ってきやすい。人によっては枕元にメモ帳をおいている人もいます。私の場合、朝起きてすぐ、思いついたものをさっとかたちにすることは、けっこう多いです。

逆に**夜はインプット**がおすすめ。本でもネットでも、また動画にしても、アウトプットよりは受動的でいられます。

昔、シリコンバレーでインターンをしていたときに、いろいろな企業の方にインタ

デフラグは脳にも起きる

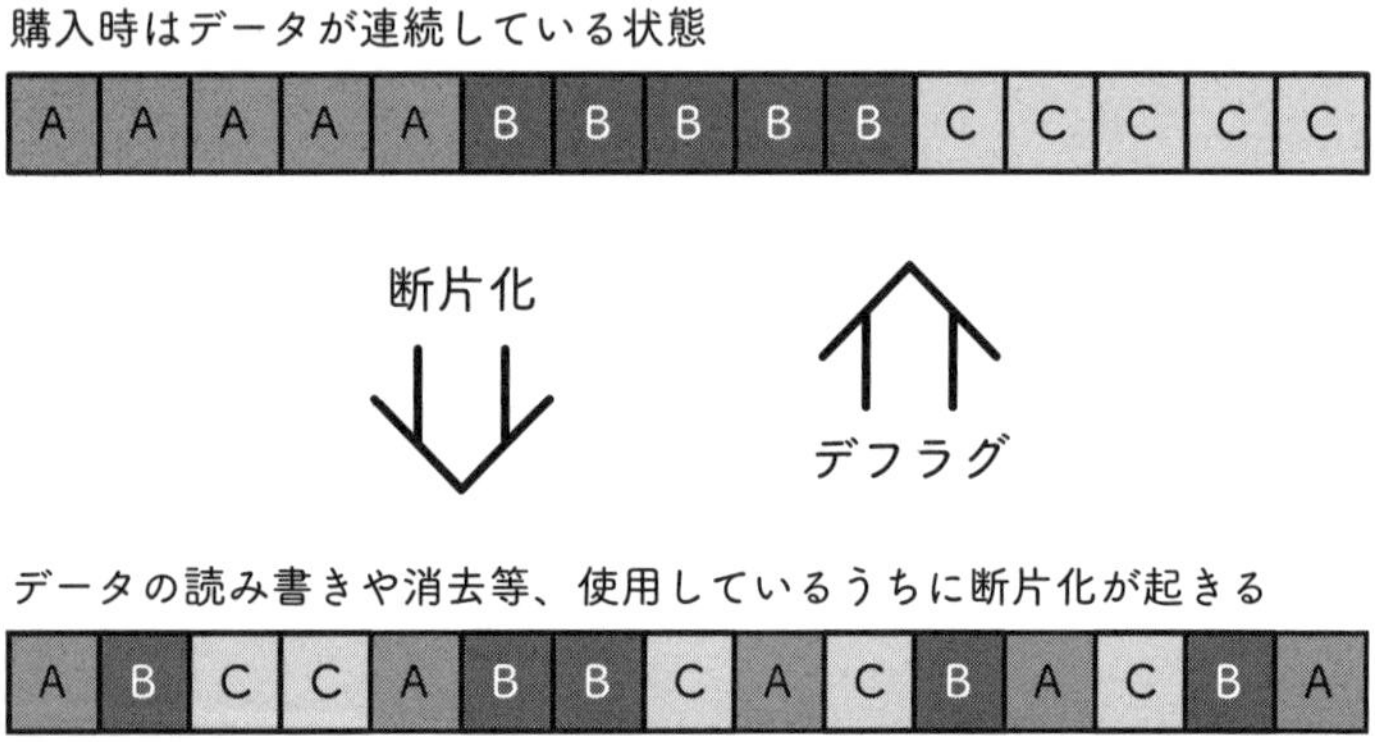

出所：「パソコン用語『デフラグ』って何？ メリット・デメリットは？」、https://enjoy.sso.biglobe.ne.jp/archives/defragmentation/、BIGLOBE

ビューをさせてもらったのですが、そのなかで特に印象的だったのが、ＩＴベンチャーのＣＴＯ（最高技術責任者）の方の話でした。てっきり夜まで長時間仕事をしているのかと思ったら、夕方には家に帰って、夜はゆっくり自宅で過ごしているということでした。

全員が全員、短時間というわけではなく、もちろん長時間働く人もたくさんいます。しかし、夜までびっちりアウトプットするというのは、たいてい疲れてしまって、生産性も下がってしまいます。アウトプットする時間は短めの方が、効率的だと思います。

そして、**睡眠中は問題解決**。悩みがあってもさっと寝てしまうと、あら不思議。翌朝目を覚ますと、不思議とその悩みが解決していたりします。

脳は、寝ている間に頭の中を整理します。その整理しているプロセスが夢となってでてきます。昼間の出来事がいろいろと形を変えて現れる夢は、いわば**脳のデフラグ**。デフラグとは、ハードディスクに飛び飛びに保存されてしまって断片化されてしまったデータを整理しなおす作業です。人間の記憶も、同じようにバラバラになっており、それを統合する作業が行われているのです。

ですから、私の場合、寝る前にはわざわざ、悩みをインプットしてから寝ることもあります。睡眠解決をはかるわけです（心配性の人は、眠れなくなってしまう危険もあるので、おすすめしません）。

23 「時間の天引き」でパーキンソンの法則を避ける

歴史学者のパーキンソンは、**「パーキンソンの法則」**を提唱しました。その第一法則は、

「仕事の量は、完成のために与えられた時間をすべて満たすまで膨張する」というものでした。

これは、イギリスの官僚制を観察する中で発見された法則で、膨張し続ける官僚の仕事量を批判するためのものでした。これは在宅勤務、いや仕事全般に言えることです。ある仕事を終わらせるのに3時間あるとすれば、3時間すべてを使い切るまで仕事量は増えていきます。実際には30分で終わらせられるとしても、与えられた3時間を使い切るような仕事の仕方をしてしまうのです。

この法則を在宅勤務に当てはめると、たいへんなことになります。プライベートな時間を含む「与えられた時間」をすべて満たすまで仕事が膨張していってしまうのです。そのまま何の対策もしなければ、プライベートな時間もすべて仕事に侵食されていってしまうでしょう。


そうならないようにどうすればいいか。仕事に使える時間を減らすことで「与えられた時間」を少なくするしかないのです。貯金と同じように、**時間を「天引き」する**のです。あらかじめスケジュールを入れて、勤務時間から減らしておくわけです。

たとえば、趣味の時間を確保する、スカイプ英会話などの自分磨きの時間をスケジュー

自分の時間を天引きしておく

月	火	水	木	金
	自分へのアポ			
				自分へのアポ
自分へのアポ				
			自分へのアポ	

ルに入れる、運動を毎日のルーチンとして組み込む、などです。そうした時間は、万が一、仕事が間に合わない、トラブルが起こって対応しなければならない、といったときのバッファー（緩衝材）として機能します。１００％時間を使い切っていたら、そうした状況にも対応できません。

私はこの天引きが非常に得意で、今でも昼間の勤務時間にギターレッスンを入れたり、英会話レッスンを受けたり、大学のレポートを書いたり、この執筆もまた天引きした時間の中で行っています。どんどん天引きしていくと、日によっては仕事の時間が1時間もないこともあります。そうしたときには、とにかくその時間で終わらせてしまうのです。

このように天引きの時間をスケジュールに入れることを、**「自分へのアポ」**とも呼んでいます。アポイントは他人とのものですが、その他人に時間を奪われてしまう前に、まず自分が必要な時間を押さえておく。すなわち自分へのアポを優先してとっておくわけです。

これがなければ他人の要求に120％応えようとしてしまって、結局自分のための時間がなくなってしまい、キャリアが広がらないということになってしまいます。

24 仕事内容にふさわしい場所へローテーションする

集中力が続かない理由は、同じ場所で仕事をし続けることにも原因があります。とすれば、時間割に合わせて**仕事場所をローテーションする**のも手です。一時間目はカフェで仕事をし、二時間目は図書館、三時間目は自宅に戻るといったように、集中力が切れるタイミングで移動して作業するのです。

自宅であっても、仕事のできる場所をいくつか用意して、時間やタイミングによって作

業する場所を変えていくのもいいでしょう。ダイニングでの作業に飽きたら、ベランダのオープンカフェでアイデア出し。そのあと、キッチンでスタンディングでの作業を組み込んで、最後はソファでゆったり資料に目を通す。作業にふさわしい場所、アイデア出しにふさわしい場所、インプットにふさわしい場所などを使い分けるのです。

私の娘は、トイレにこもってKindleを読むことがありますが、ひとりになれる空間としてトイレさえも活用できます。防水のKindleを使って、お風呂に入りながら情報のインプットをするなんてことも考えられます。家の中にも実はいくつもの仕事場所が存在するのです。そして、それぞれ

場所によって得意不得意な仕事内容があるのです。

環境整備とも関連しますが、その場所にふさわしい仕事というものがあるわけです。しかしオフィスでは、原則として自席しか選択肢はありません。在宅勤務であれば、どこでどんな仕事をすると捗るかということを試すことができます。場所を選べるというのも、在宅勤務の大きなアドバンテージなのです。

25 7割完成でリリースして頻繁にアップデートする

在宅勤務の背景にあるのは、変化への対応です。ＶＵＣＡと呼ばれる不確実性の高い時代においては、本質的には、場所だけではなく、仕事の仕方も、組織のあり方も、そしてキャリアも、外部環境の変化に合わせて柔軟に対応しなければならなくなったのです。

仕事の仕方ということでいえば、先が読めないなかで、最初から高い完成度を目指すのは得策とは言えません。状況が変わってしまうからです。むしろ完成途中のまま、世の中の状況に合わせて**アップデート**していくような仕事の仕方が求められます。

アプリ開発でよくあるのが、ベータ版として発表した上で、しばらくユーザーに使ってもらって課題を洗い出し、それらを解決して完成させるというやり方。最初から完成させてしまうと、のちのちの変更が難しくなり、変化に柔軟に対応できなくなってしまうのです。

電気自動車のテスラは、頻繁なアップデートで知られています。購入したあともプログラムが改善され、機能が追加されていく。従来の自動車のように販売時点からどんどん古くなっていくのではなく、常に最新の機能へと改善されていきます。高級デジタルカメラもそうです。最初は実装されていなかった機能が、あとからのアップデートで追加されていく。自動車、カメラだけでなく、仕事の仕方もまた、こうしたアップデート型が求められているのです。**アップデート仕事術**とでも呼んでみたいと思います。

私も、たとえば企業研修などのプログラムで、10年以上かけてアップデートしてきた複数のプログラムを持っていますが、まだまだ改善余地を抱えています。100%をめざして日々、すこしずつ改善していくわけです。

これは在宅勤務になるとさらに重要になります。完璧を目指して時間を費やそうとすると、どんどんプライベートの時間を侵食していきます。完成度について、自分の中でのラインを下げて設定しておかないと、「完璧主義」の人ほど破綻します。仕事というのはマラソンと同じで、本当にごくたまにスパートをかけることはあっても、基本的には長く走ることを前提に緩やかなスピードで走るべきなのです。

26 打ち合わせ中に提案してしまう

状況に合わせて変化することを前提に、仕事の仕方として**フロントローディング**を心がけています。フロント、すなわちプロジェクトの前半ですこし負荷を高めるやり方です。初期であれば変更する時間も余裕もあるので、この段階で問題を発見しても対応が十分可能です。たとえばプレゼンの作成で言えば、最初の段階でささっと5割程度の完成度まで作っておき、そのあとゆっくりと完成度を高めていくのです。5割ほど作った段階で、どんな情報が足りないのか、何を調べないといけないのかが見えてきます。納品までまだ時

フロントローディングの考え方

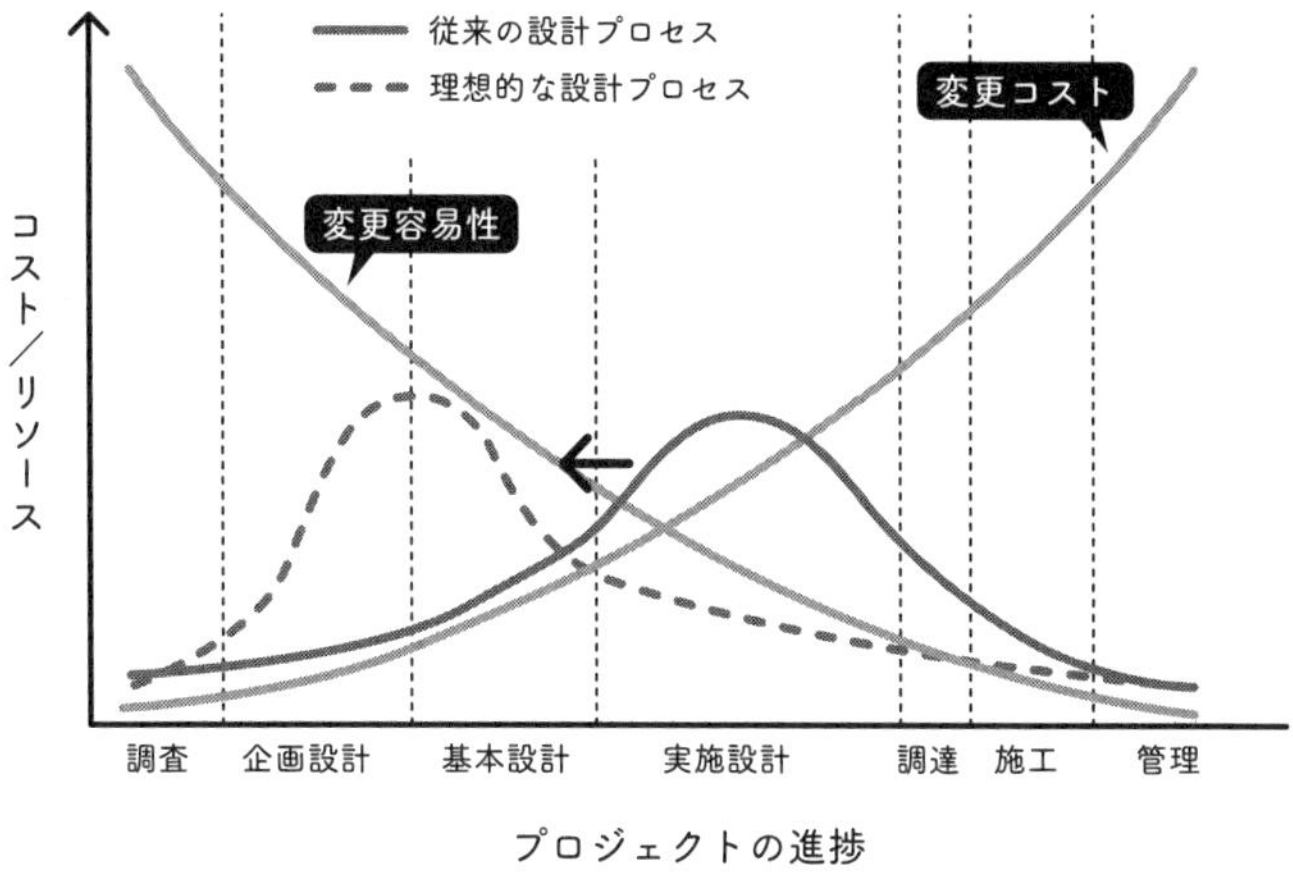

間があるので、十分に対応が可能です。

究極のフロントローディングといえば、**打ち合わせの段階で提案をしてしまう**というやり方があります。クライアントからの依頼を受ける打ち合わせの席で、内容を聞きながら、「こういうことですよね？」とラフなアイデアを提示するのです。簡単なコンセプトやデザインイメージは、その場でサクッと提案してしまいます。

デザイナーの佐藤オオキさんも、打ち合わせの際にクライアントと対話しながらアイデアを提案していき、その場で20〜30程度のアイデアから3〜5つまで絞り込むのだそうです[12]。

これは、**相手からの期待値をコントロー**

ルするのにも役立ちます。その場で作ったものなので、もちろん完璧からは程遠いですが、それはクライアントももちろん理解してくれます。短時間だからこそできるラフな提案です。

これがもし、依頼内容を持ち帰って、1カ月後に提案するということになると、クライアントからの期待値は否が応でも高まってしまいます。そうなると、作業への負荷がどんどんかかってしまう。完璧主義でない人でも、一定のレベルのものを作り上げるプレッシャーに晒されます。

これは、在宅勤務というよりも、個人事業主として仕事をするときのハックかもしれません。大企業であれば、持ち帰ってスタッフと打ち合わせをして、アイデアを練り上げるという時間もリソースも潤沢にあります。持ち帰ってスタッフに仕事を手渡すことがむしろ、自分の時間を確保するために重要です。

しかし、個人事業主として活動していると、原則としてリソースは自分自身だけです。そうなると、提案への負担が増えれば増えるほど、自分の時間が奪われてしまいます。さらにその提案が相手の期待していたものと違っていたら、その時間も無駄になってしまいます。

12 佐藤オオキ『400のプロジェクトを同時に進める　佐藤オオキのスピード仕事術』、幻冬舎、2017年。

そういうこともあり、できるだけ当初に、アウトプットについて共通認識を作り上げて、誤解を避けることが重要なのです。

27 インプットの日を作って自分R＆Dをまわす

これは会社を辞めたあとに特に意識して行っていることなのですが、**インプットの日**を決めて実行しています。その日は仕事をせずに、ひたすら新しい未知の情報を取り入れるのです。それも、本業の事業とは直接関係のない、役に立つかどうかわからないような情報のインプットです。

たとえば、美術館に行って普段は見ない芸術に触れたり、話題になっている場所があればそこに遊びに行ったりして、視野を広げたりします。これを私は、**自分R＆D**と呼んでいます。

どんな会社でも、収益を稼ぐ本業とは別に、将来の新しい事業を生み出すような研究開

発（R&D）を行っています。そうしなければ、未来の環境変化に対応できず、事業が一代で終わってしまいかねないからです。

よく会社や事業の寿命は40年と言われたりしますが、一度ビジネスモデルを確立した事業であっても、40年も経つと時代遅れになり、衰退産業となってしまいます。たとえばTOTOは、便器のような衛生陶器から、次の40年を浴槽やキッチンなどに展開、さらに次の40年をウォシュレットへと、事業を展開しています。

IT産業は40年どころか、3年でがらりと景色が変わってしまいます。そうした変化に対応するためにも、R&Dが欠かせません。

そしてこれは個人でも同様です。これは在宅勤務の人というよりは、独立した個人事業主の方向けアドバイスなのですが、会社に勤めていると、社員教育などは会社が面倒をみてくれます。独立してからも同じような気分でいると、実は自分磨きの時間が全然なくて、どんどん時代に取り残されていくという現象が起こります。

Googleがかつて、勤務時間の20%を自分のプロジェクトに自由に使っていいという制度を持っていたように、**勤務時間の20%程度は自分R&Dへと投資すべき**なのです。その投資としてのインプットの日を作るということです。

28 ニュートン時間とベルクソン時間

時間には2種類あります。ひとつは客観的・絶対的な**ニュートン時間**、もうひとつが主観的で相対的な**ベルクソン時間**です。

ニュートンは万有引力の法則の発見で有名ですが、その根底にある原理原則は、時間も空間も絶対的なものであり、厳密な因果関係によって物体は運動するのだということです。ニュートンにとって時間とは、外的な影響を受けない、均一に流れるものでした。

一方のベルクソンは、ニュートンのような均一な時間ではなく、一連の流れを持ったものとして時間を捉えました。分割したり、定量的に測ったりすることのできない主観的な時間を想定したのです。嫌な仕事をやるときの10分は永遠にも感じられるのに、楽しい時間はあっという間に過ぎていく。このときに感じられている時間が、ベルクソン時間です。こうした意識の流れを、ベルクソンは**「持続」**と呼びました。音楽を一秒ごとに切り刻んで聞かされてもその良さが味わえないように、時間というのは、音のつらなりのように、流れの中でこそ感じられるものなのです。


産業革命以降の労働は、常にニュートン的な客観的に計測できる労働時間によって給与が計算されてきました。アルバイトは時給計算ですし、正社員だって残業代の計算にもあるように、その根本には時間による給与計算があります。オフィスに出勤し、そこでタイムカードをおすのも、そうしたニュートンの時間を計測するためのものだったのです。

一方、これからの在宅勤務時代の労働は、こうしたニュートン的な労働時間では測れないものになってきています。在宅勤務の場合、オフィスにいるのと違って、本当に仕事をしているのかどうかは把握することが難しい。だから、どうしても仕事の成果をベースに評価していかないといけなくなる。その成果を10分であげても、10時間であげても、どちらも同じように評価されていくわけです。

逆に言うと、オフィスで成果もあげずに仕事をしているフリをしてニュートン時間が過ぎるのを待っていたような人は、これからの時代、非常に厳しいでしょう。

在宅勤務においては、ニュートン的なスケジュール管理は、もはや意味をなしません。そうではなく、濃密な時間を過ごすための「持続」を生み出すようなベルクソン時間としての時間管理、自分のやる気スイッチが入るような時間の使い方こそが、求められているのです。

在宅勤務で一番に懸念されるのが、チーム内のコミュニケーションです。それまで、同じオフィスですぐ隣で働いていたのが、てんでバラバラの場所で働くようになる。これまでと同じようにコミュニケーションできるのか不安になるのも、仕方がないでしょう。

しかし、です。同じオフィスにいたからといって本当に密なコミュニケーションができていたのでしょうか。すぐ近くにいるということで、実はしっかりと向き合ってやり取りしていなかったのではないか。もしかしたら、在宅勤務のほうがコミュニケーションが密になったりすることはないだろうか。

そんな可能性さえも感じさせるコミュニケーションハックを紹介します。

第3章

コミュニケーションハック

チームで連携して、プロジェクトをスムーズに遂行する

29 在宅勤務で電話連絡はNG

オフィスにいると、情報の共有がすぐできます。声をかければ伝えられる。わざわざ情報共有のために時間を取らなくても大丈夫です。「ちょっといい？」と声をかけて、話してしまえばいいわけです。しかし、在宅勤務ではそうはいきません。

では、オフィスにいるかのように頻繁に電話して会話すれば解決するのでしょうか？実は違います。在宅勤務における電話のやり取りは、情報共有という意味で**非常にコストの高いコミュニケーション手段**なのです。なぜなら、電話のやり取りは二人だけに限られ、その情報を他の人が知ることができないからです。他の人とも共有するには、さらに電話をかけ続けなくてはなりません。

二人だけの機密事項ならまだしも、他の人も知るべき情報だった場合、共有するのが大変です。オフィスであれば、他の人も誘ってその場でさっと共有することもできるかもしれませんが、在宅勤務ではそうはいきません。

会話というのは、その時間、そのタイミングに参加していないと情報共有できないコミュニケーションツールです。オフィスのように時間と空間を多人数で共有している場合はよいのですが、それが共有されていない人同士のコミュニケーションにおいては、会話はとたんに非効率になっていくのです。

その点、インターネットのグループチャットであれば、デジタルデータなので、すぐに多人数と共有できます。グループに入ってさえいれば、二人がやり取りしていても、その様子を他の人も見ることができ、状況を把握することができます。メッセージを送ったタイミングに見ていなくても、自分の好きなときに確認できます。

電話で連絡をし続ける限り、在宅勤務でのコミュニケーションは時間に縛られ続けます。場所は自由になったとしても、いや、場所が自由になっただけに時間で縛られることに、相当なストレスを感じることになります。

この本を書きながら、在宅勤務で起こっていることの「あるある」話を調べていたのですが、一番心を痛めたのが、「上司が、部下が本当に働いているかを確認するために電話をかけてきた」というものでした。これが笑い話になってしまうような時代が、もうそこまで来ています。

30 在宅勤務は「労働の非同期化」である

グループチャットのような、時間を共有していなくてもキャッチアップできるメディアを、**非同期メディア**と呼びます。インターネット時代に入って、メディアはどんどん非同期化しています。テレビの地上波のように、その時間に見なければならないというメディアからは人が離れ、代わりにNetflixやAmazon Prime Videoなどのオンデマンドのようにいつでも見たいときに見ることができるメディアが勃興してきました。

音楽のサブスクリプションサービスは、もっと革命的《ラディカル》です。最新のアルバムも、何十年も前の音楽も、並列に扱われます。明らかにそのころ生まれていないような若者が古い曲をよく知っている、ということが起こっています。時間がねじれてしまったかのような音楽の聴き方ができるようになったのも、この非同期性のひとつの表れです。

結局、人の時間を強制的に専有しようとする同期メディアは、不便なのです。通信技術が発達していない時代に、放送というテクノロジーで配信せざるを得なかった時代はその不便さを受け入れるしかありませんでした。しかし今や、その不便さを甘受する必要もなくなったのです。

グループチャットは、リアルタイムでやり取りできる同期メディアという側面を持ちつつ、いつでもやり取りを確認できるという意味で、その本質は非同期メディアです。過去にさかのぼってどのような経緯だったのか確認することも容易です。コミュニケーションの履歴が蓄積されていくので、過去のやり取りを確認できます。何年も前のコミュニケーションにもアクセスが可能なのです。

たとえば、名古屋商科大学（NUCB）ビジネススクールでの私のゼミでは、Slackをコミュニケーションツールとして使っています。NUCBでは卒業のためにビジネスケースを書くのですが、そのやり取りをSlack上に残しています。そして新入生は、すでに卒業していった先輩たちがどんなふうに試行錯誤しながら書いていたのか、何年も前のやり取りをさかのぼって見ることがで

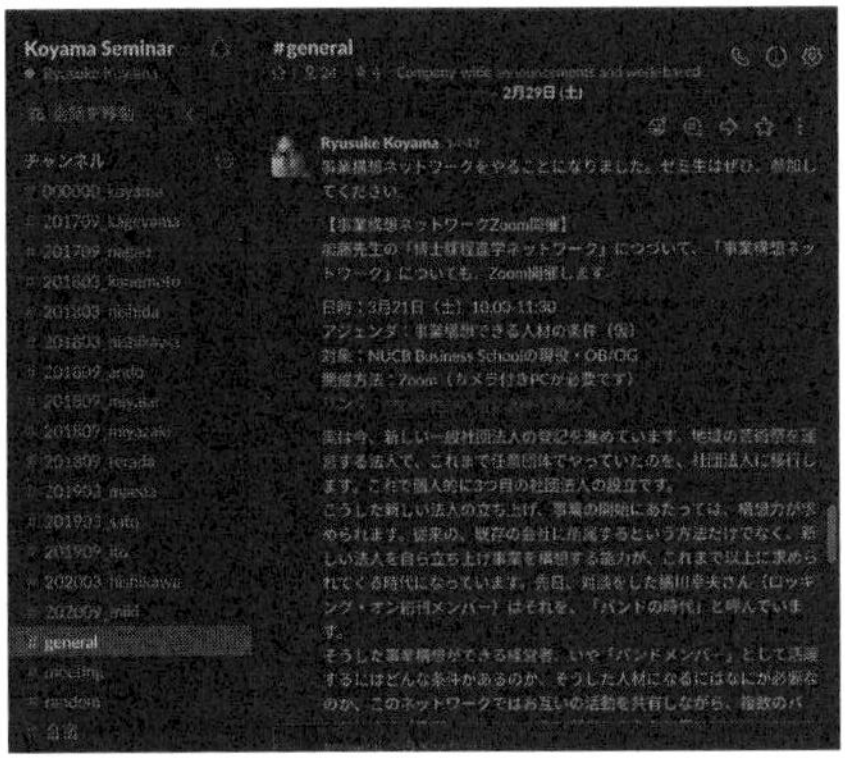

Slackでのやり取り
ゼミのコミュニケーションツールとしても非常に便利

きます。

在宅勤務というのは、ひとりひとり、その時間に仕事をしているのかどうかもわからない状況です。メンバーはもしかしたら子どもの世話をしているかもしれないし、外出しているかもしれない。そうした勤務の自由度が在宅勤務の利点だとすると、そこに電話で強制的に入り込んでくるのは、暴力的ですらあります。ちょっとリラックスしていたときに上司から電話があったとしたら、おちおち休んでもいられません。在宅勤務のマナーとしても、電話ではなくチャット、ということが徹底されるべきなのです。

このように在宅勤務の本質は、**「労働の非同期化」**にあります。一緒に働いていなくてもいい、というのは、一見、空間的な問題のように思えるかもしれませんが、実は時間的なズレを許容する新しい働き方なのです。

そしてこの非同期化というのは、今後、時差があるような国とのグローバルなコラボレーションを見据えた場合、いよいよ重要になってきます。

31 朝メール・夜メールで進捗共有

その非同期化された労働においても、息を合わせるタイミングが必要です。それが始業と終業のタイミング。そのときに、メンバーに対してメッセージを送るというルールにすることで、非同期化された労働に一定のリズムが生まれます。

そのメッセージを、**朝メール・夜メール**と呼んでいます。これは、ワーク・ライフ・バランスを推進している小室淑恵さんのアイデアで、朝、一日のスケジュールとコメントを書いて送り、夜は、一日の振り返りをするという、シンプルなコミュニケーションルールです。

在宅勤務は第2章の「行動管理ハック」のところでも触れたように、時間の区切りがつかずダラダラ仕事をしてしまう危険性があります。朝メール・夜メールを送ることで、自分でそうした時間の区切りをつけるのと同時に、チーム全体での区切りをつけて、ダラダラと過ごすことを回避するわけです。

この朝メール・夜メールはコミュニケーションのきっかけにもなります。チームメンバーがメールに対する返信をすることで、会話が始まるのです。「メール」と呼んでいますが、実際にはチャットのように双方向にメッセージを気軽に送りあえるものなので、気軽にコミュニケーションできます。

繰り返しになりますが、重要なのはこうしたやり取りが、あくまで**非同期に行われる**ということです。昔の会社の朝礼のように、その時間、その場所にいなければならないというものではなく、あとからでもキャッチアップ可能になっていて、時間も場所も問われない。それが在宅勤務時代の働き方なのです。

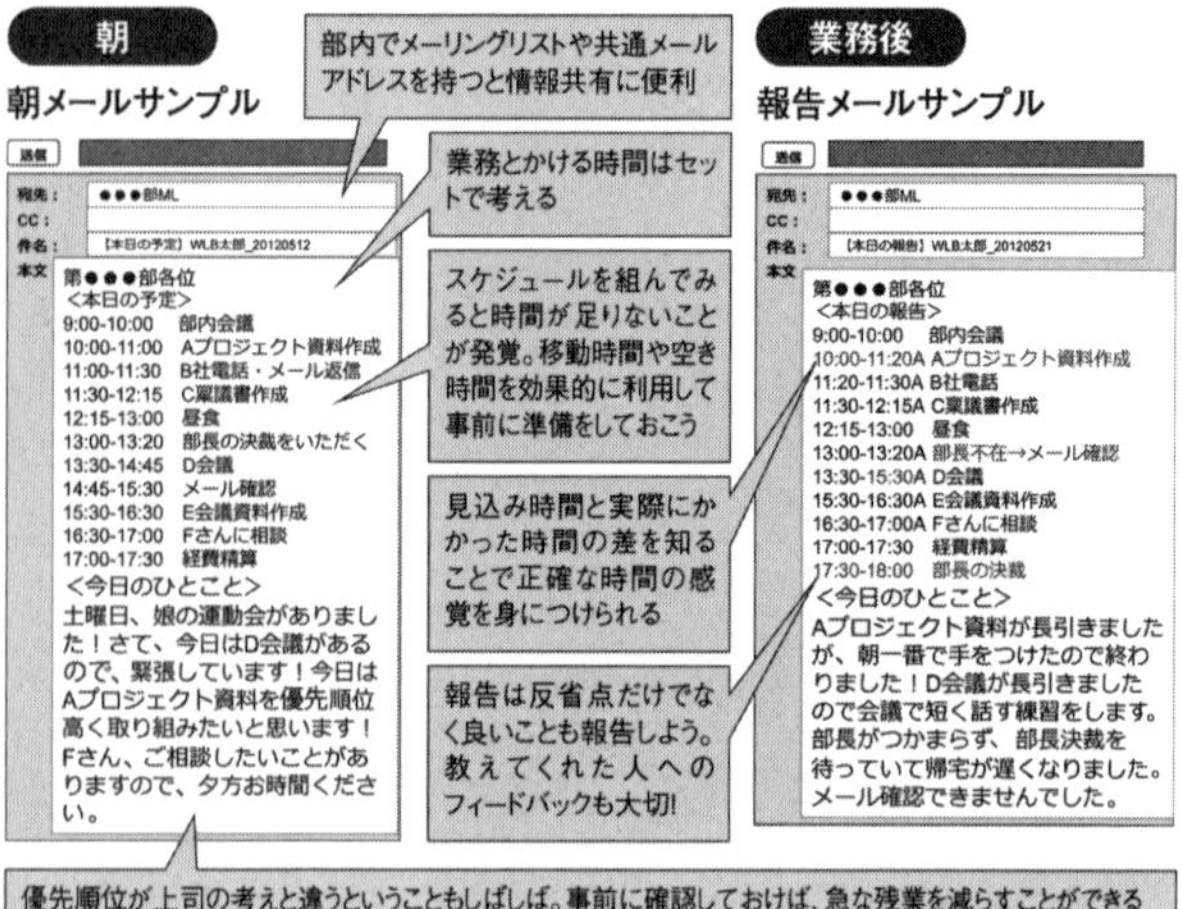

朝
朝メールサンプル
部内でメーリングリストや共通メールアドレスを持つと情報共有に便利
送信
宛先：●●●部ML
CC：
件名：【本日の予定】WLB太郎_20120512
本文
第●●●部各位
＜本日の予定＞
9:00-10:00 部内会議
10:00-11:00 Aプロジェクト資料作成
11:00-11:30 B社電話・メール返信
11:30-12:15 C稟議書作成
12:15-13:00 昼食
13:00-13:20 部長の決裁をいただく
13:30-14:45 D会議
14:45-15:30 メール確認
15:30-16:30 E会議資料作成
16:30-17:00 Fさんに相談
17:00-17:30 経費精算
＜今日のひとこと＞
土曜日、娘の運動会がありました！さて、今日はD会議があるので、緊張しています！今日はAプロジェクト資料を優先順位高く取り組みたいと思います！Fさん、ご相談したいことがありますので、夕方お時間ください。
業務とかける時間はセットで考える
スケジュールを組んでみると時間が足りないことが発覚。移動時間や空き時間を効果的に利用して事前に準備をしておこう
見込み時間と実際にかかった時間の差を知ることで正確な時間の感覚を身につけられる
報告は反省点だけでなく良いことも報告しよう。教えてくれた人へのフィードバックも大切!
業務後
報告メールサンプル
送信
宛先：●●●部ML
CC：
件名：【本日の報告】WLB太郎_20120521
本文
第●●●部各位
＜本日の報告＞
9:00-10:00 部内会議
10:00-11:20A Aプロジェクト資料作成
11:20-11:30A B社電話
11:30-12:15A C稟議書作成
12:15-13:00 昼食
13:00-13:20A 部長不在→メール確認
13:30-15:30A D会議
15:30-16:30A E会議資料作成
16:30-17:00A Fさんに相談
17:00-17:30 経費精算
17:30-18:00 部長の決裁
＜今日のひとこと＞
Aプロジェクト資料が長引きましたが、朝一番で手をつけたので終わりました！D会議が長引きましたので会議で短く話す練習をします。部長がつかまらず、部長決裁を待っていて帰宅が遅くなりました。メール確認できませんでした。
優先順位が上司の考えと違うということもしばしば。事前に確認しておけば、急な残業を減らすことができる

チームメンバーで同期をとるための朝メール・夜メール

32 コミュニケーションの型を作って誤解を避ける

コミュニケーションで難しいのが、人によって話し方や伝え方が違うということ。そうした違いによる間違いや誤解を防ぐために、文章フォーマットが決められていたりします。たとえば役所では細かなところまで書式が決まっていて、誤解が起こらないよう細心の注意が払われています。

Slack や Microsoft Teams などのチャットアプリは、その自由度がすばらしいのですが、一方でこうした自由なコミュニケーションは、誤解も起こりやすい。人それぞれ、あまりに自由に記述するので、読み取る側の負担も大きくなってしまいます。

そうした弊害を減らすためにも、定型化したコミュニケーションを取り入れていくといいでしょう。**コミュニケーションの型**を導入するのです。

具体的には、Slack の**ワークフロー機能**を使います。質問フォームを設定できるので、そのフォームに答えてもらい、その書式で投稿を促すのです。前述の朝メール・夜メールなどはフォーマットが決まっているので、このワークフロー機能を使って送信するようにしています。そうすると、全員が同じフォーマットになるので、格段に読みやすくなりますし、抜け漏れがなくなります。

さらに、朝メール・夜メールをワークフローにしている以外に、電話がかかってきたときのメモもワークフロー化しています。こうすれば、抜け漏れなく用件を伝達することができます。

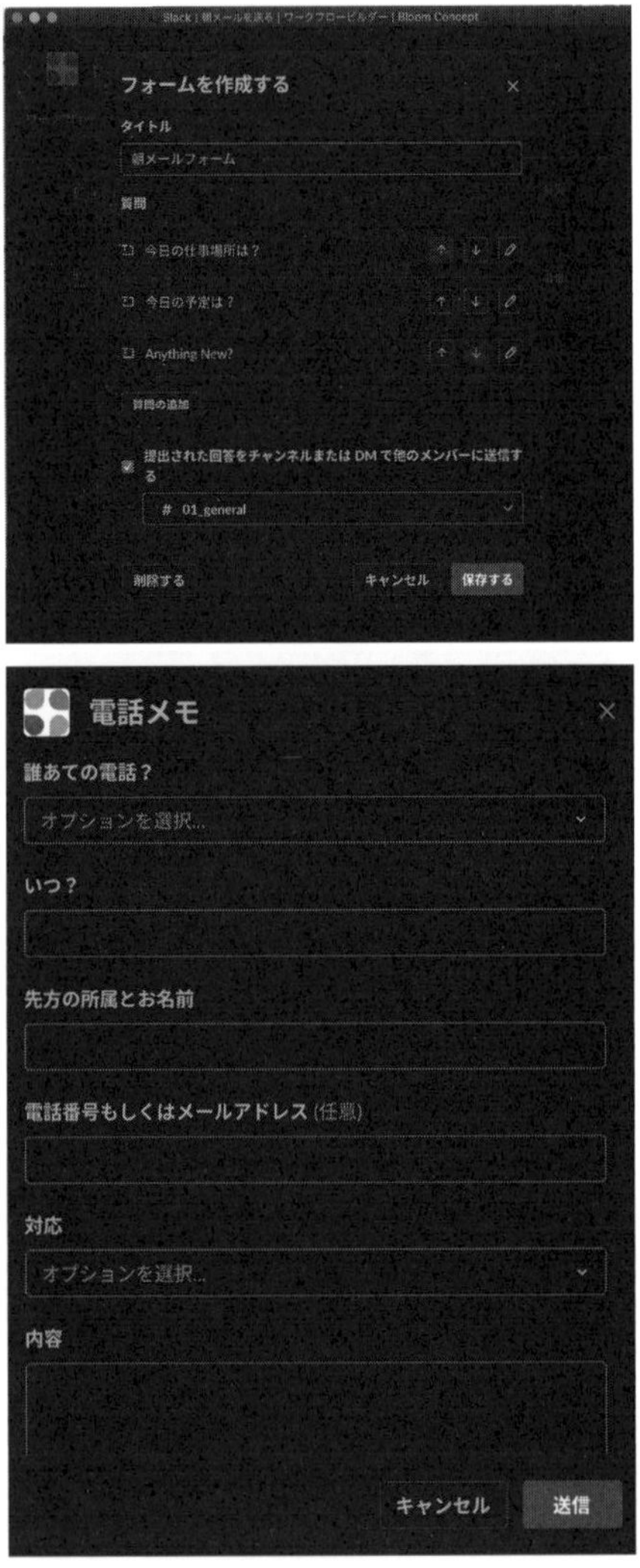

Slack のワークフロー機能

33 効果的に絵文字を使う

こうしたフォーマットを作っても、やはりテキストのコミュニケーションには限界があります。言葉の細かなニュアンスが伝わりにくく、トラブルのもとになることがあるのです。そんなニュアンスを込めていないのに、「冷たい」とか「厳しい」、「そっけない」などと言われてしまうことも。そうした勘違いを避けるためにも、**絵文字を効果的に使ってニュアンスを伝えていく**ことが重要です。

感謝の気持ちも積極的に伝えるといいでしょう。面と向かって言いづらい「ありがとう」の言葉も、オンラインなら言えたりもします。

たとえば、コメントに対してサムズアップの「いい

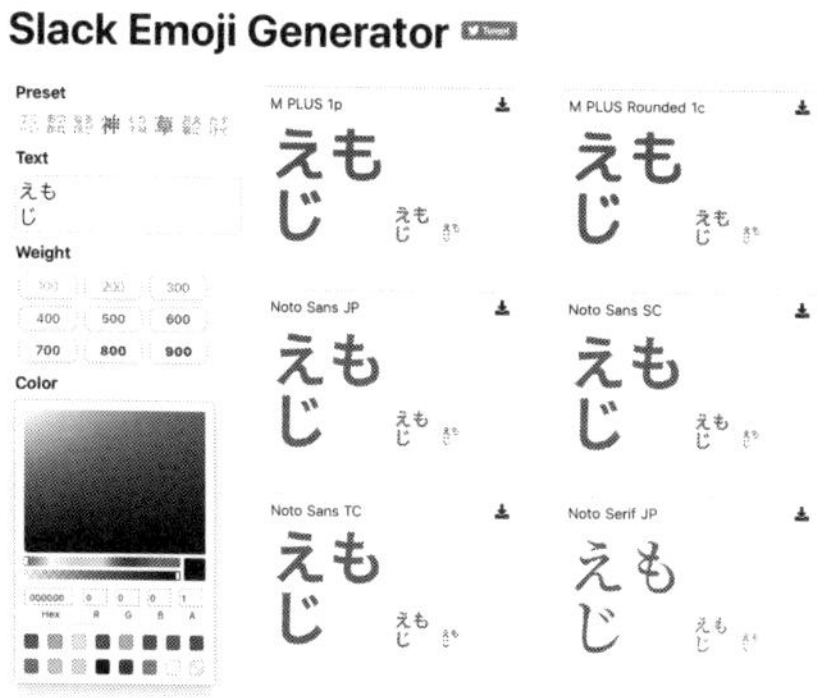

Slackの絵文字ジェネレーター

ね」の絵文字をつけるだけでも、在宅勤務の状況だと、ニュアンスが伝わって助かります。

ほかにも、Slackの機能にカスタム絵文字というものがあります。画像を登録することで、絵文字を追加できる機能です。ここに、文字の「了解」「なるほど」「おつかれ」「出席」など、よく使うメッセージを絵文字として登録しておくと、人のコメントに対してそうしたカスタム絵文字で返信することができます。

この文字のカスタム絵文字の画像は、絵文字ジェネレーター（https://slackemojigen.com）などのサービスを使って作成することができます。ここでオリジナルの絵文字を作成・登録して、その会社らしい文化を醸成していくのもいいでしょう。

34 チャットのチャンネル別に長文・短文を使い分ける

チャットツールを使っていると、短文のチャットがリアルタイムに積み重なっていくことがあります。メールと違ってそうしたカジュアルなやり取りが可能なのも、チャットのいいところです。「お世話になっております」や「お忙しいところ失礼します」などの前置きは不要です。その意味では、**長文よりも短文でやり取りする**というのが、グループチャットの大原則ではあります。

特に、在宅勤務のように雑談が行われない環境では、格式張ったコミュニケーションだけだと、孤独感が募ります。できるだけくだらないことがやり取りできる環境を作ることが重要で、たとえばSlackでは#randomというチャンネルが用意されていて、そこでのカジュアルなやり取りが推奨されています。

たとえば、さきほど紹介した朝メール・夜メールのワークフローには、「Anything New?」という身の回りのニュースを共有する欄を設けています。ちょっとしたネタから雑談が始まるようにという仕掛けです。

ただ一方で、あまり短いやり取りが続くと、あとからキャッチアップするのがたいへんです。途中に合いの手が入った、やたら長いやり取りをさかのぼって確認するのは、かなりの手間です。「もうちょっとまとめてからメッセージを送ってほしい」と思うこともあるでしょう。そのときには、それまでの議論をまとめるような長文の投稿のほうがありがたいでしょう。

長文のチャットと短文のチャット、どちらがおすすめなのか。それはもう、そのときの

35 こまめな成果報告でチームの好循環を生み出す

やり取りの文脈によるとしか言いようがないです。ルールとして「短いメッセージ禁止」とするのも変ですし、「長文のメッセージ禁止」というのもおかしいことになります。

おすすめなのが、**チャンネルごとにやり取りの性格をもたせる**ということです。ホウレンソウ用のチャンネルでは長文のもの、カジュアルなやり取りのチャンネルでは短いチャット的なコミュニケーションなど、チャンネルごとの文脈を設定するのです。

具体的には、私が東京の自由が丘で運営している雑貨店ニライカナイのSlackでは、朝メール・夜メールやちょっとしたやり取りには、「#general」というチャンネルを使い、短文のやり取りが中心です。一方で、しっかりとあとの人に引き継がないといけない大事なメッセージは「#notes」というチャンネルに長文で投稿しています。そうやってチャンネルを分けることで、重要な長文メッセージが埋もれないようにしているのです。

不安と不信の悪循環

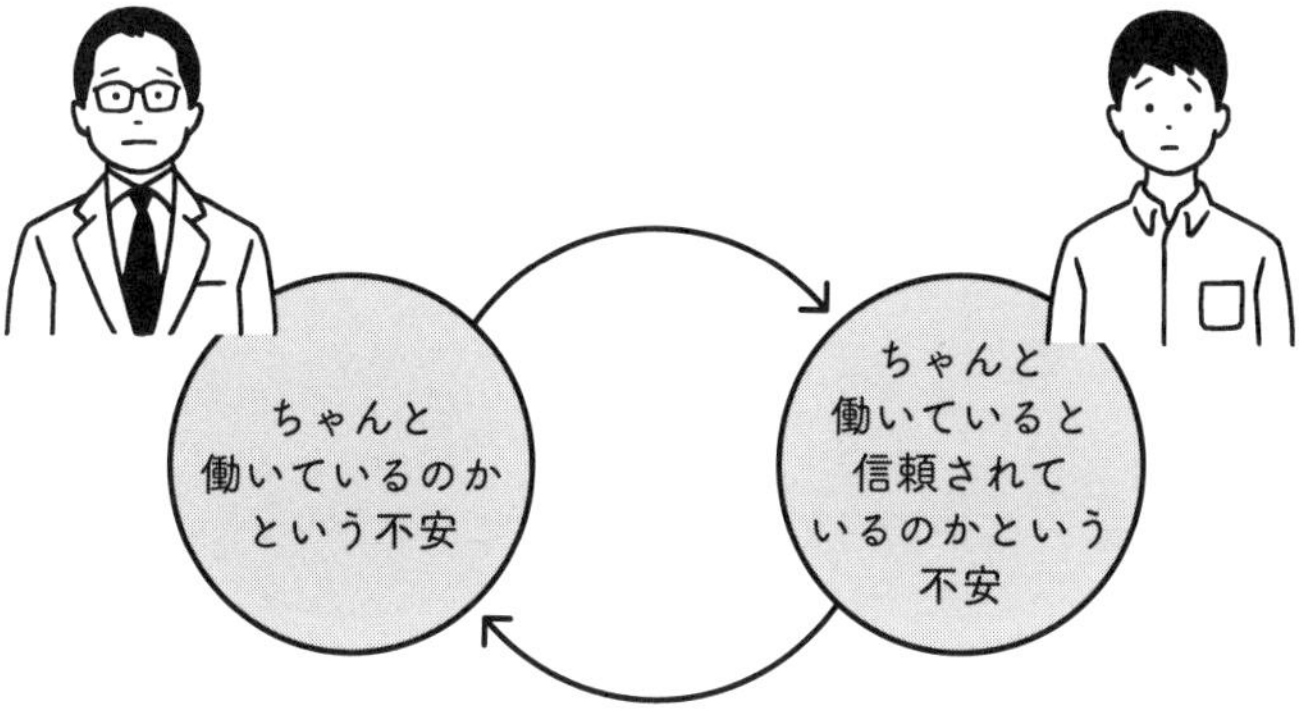
ちゃんと
働いているのか
という不安
ちゃんと
働いていると
信頼されて
いるのかという
不安

在宅勤務で起こるトラブルの原因のひとつが、「あいつは働いているんだろうか？」『あいつは働いていないだろうか？』と疑っていないだろうか？　と疑っているんだろうか？』と疑っていないだろうか？」という、疑心暗鬼の無限ループです。成果が見えないと、お互いの疑惑と不安が解決されないまま、**不安と不信の悪循環**に陥っていくのです。

こうした疑心暗鬼の負のループは、いわゆる構造的な問題であり、個人の問題ではありません。ここに陥ると、どんな善人であっても巻き込まれてしまうというのが、こうした構造的な問題の特徴です。

安心と信頼の好循環

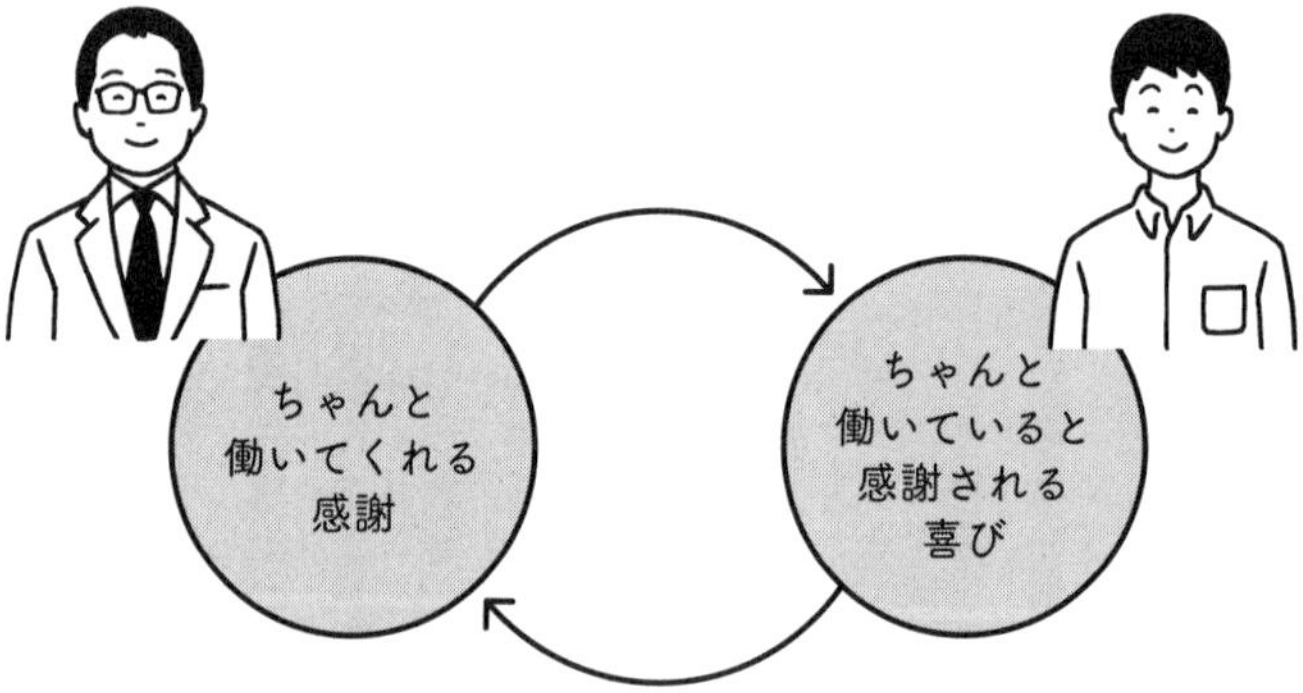
ちゃんと
働いてくれる
感謝
ちゃんと
働いていると
感謝される
喜び

これを解決する一番の方法が、こまめな成果の報告です。

「○○できました！」という報告をSlackなどであげると、そこに「いいね！」とフィードバックが返ってくる。相手からの感謝の気持ちがやってきます。この感謝の気持ちに応えようと、またやる気も出てきます。

ささやかですが、こうしたやり取りによって、「働いていないのではないか？」という疑惑も、「働いていないと思われているんじゃないか？」という不安もすっかり解消されます。それだけでなく、今度は感謝と喜びがやり取りされるようになり、**安心と信頼の好循環**が生まれ、仕事の成果もどんどん上がっていきます。

ダニエル・キムの組織開発モデル

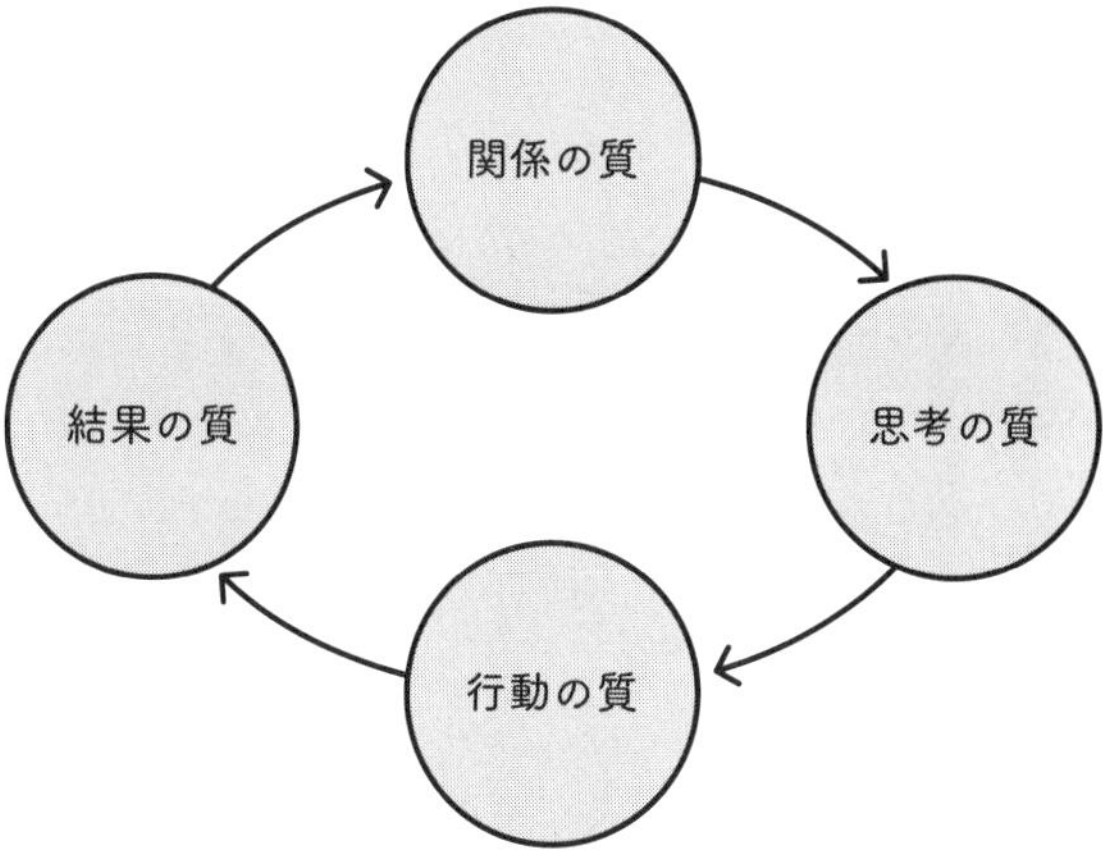

オフィスで働いているときには、そんな報告を逐一されたら面倒くさいやつだと思われてしまいますが、在宅勤務においてはこうした報告こそが、お互いの心理状態を安定させてくれるのです。

こうした好循環による組織開発を、ダニエル・キムが図式化しています。こうしたいいコミュニケーションによって関係の質が高まっていけば、思考の質が高まり、なにごとも前向きに、よい方向に考えていけるようになります。そうすると、行動の質が高まってよりよい仕事ができるようになり、結果の質も高まっていく。

在宅勤務におけるマネジメントは、まさにこのような循環によって行われる必要があります。オフィスにいて、プレッシャーを掛けながら働かせる20世紀モデルでは、従業員は関係の質を感じることができなくなるため、どんどん思考がネガティブに、非生産的になっていくでしょう。遠隔だからこそ、豊かな関係の質がキーになるのです。

36 タスクを可視化&共有して一体感を生み出す

こうした「働いていない」疑惑と不信を解消するために、Asanaなどの**プロジェクト管理アプリ**を導入するのも手です。メンバーがそれぞれ抱えているタスクが可視化されることで、みんなのがんばり具合がわかるからです。直接、話をする機会が少なくなる分、こうした可視化が重要になるのです。「働いていないのでは」という疑念は、タスクが可視化されれば解決します。

これからは、プロジェクトマネジメントが今まで以上に重要になってくるでしょう。これまではオフィスに一緒にいることで仕事時間を管理できていましたが、これからは遠隔でやり取りする中で、仕事内容を管理していかなければなりません。

しかしここで、ガチガチに「タスク管理」に入っていくと、ものすごく窮屈になります。「本当にやっているだろうか」という疑惑が頭をもたげてきます。関係の質が損なわれ、そこから結果の質が下がっていくところまで一直線です。

　今までのように空気を読んでということができない以上、「いつまでに何を」という明確な指示がないと、プロジェクトが進まなくなります。しかし、ガチガチの管理はそぐわない。これが、在宅勤務でプロジェクトを進める上での最大のジレンマなのです。そこで、次に紹介するような新しいマネジメントスタイルが必要になります。

Asanaによるプロジェクト管理
https://asana.com/ja/product

37 タスクではなくモデルをマネジメントする

在宅勤務によってタスク管理が重要になるけれど、それで管理しようとするとチームの関係が崩壊する。このジレンマを解消するには、個人のタスクではなく、**チームとしての成果をマネジメントする**姿勢が重要です。

ここでいう成果のマネジメントは、昭和の時代のノルマ管理とはまったく異なります。どのような成果が求められていて、どのようなことに取り組めばこの成果があがるのかという、成果に至る道筋、**モデルを明確にする**ことです。

ひとつ例としてあげたいのが、メディアプラットフォームであるnoteを改善していくにあたって、CXOに就任した深津貴之さんが示した**noteの成長モデル**です。作者が集まれば、コンテンツが増え、コンテンツが増えれば、読者が集まる。読者が集まれば、シェアされてさらに認知が高まるし、コンテンツも売れる。それが作者の増加に戻っていくという循環モデルです。[13]

noteの成長モデル

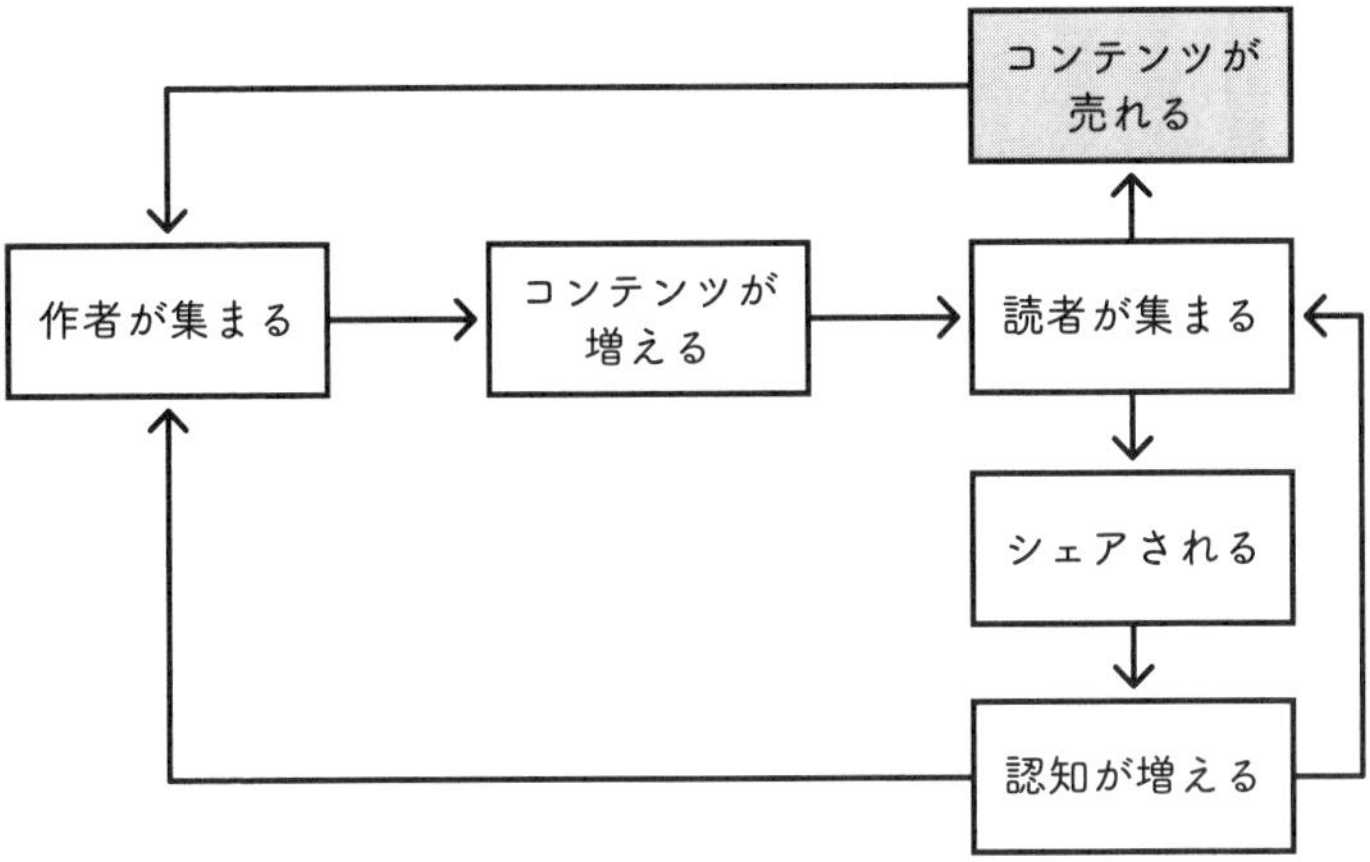

このシンプルなモデルは、noteが成長するために何に力を入れていくべきかということが、明確に示されています。それぞれ、作者数、コンテンツ数、読者数といった要素がいわゆるＫＰＩ（重要業績評価指標）となっており、チームとしてそれぞれの数字が増えるように取り組みます。また同時に、そのＫＰＩが太い因果関係で結ばれていて、一つの数字が上がれば、その因果関係が途切れることなく、好循環に入っていくことが示されています。

　マネジメントがやるべきことは、こうした説得力があり、誰もが共有

13「noteにおけるコア体験と相互作用メモ」、https://note.com/fladdict/n/n25abad09f96b

できる**シンプルなモデルを抽出、共有する**ことなのです。

このモデルは、製造業においては目に見えやすいものでした。トヨタ生産方式では、「後工程はお客様」という考え方が徹底されています。たとえば部品を作る担当だとしたら、部品の不具合を起こさないことはもちろん、その部品を使う次の工程の作業がしやすいように品質を向上させていく。それによって全体としての効率性、生産性をあげていくという考え方です。

しかし、インターネットサービスのように、サービスを使っている人の行動が目に見えなくなると、自工程と後工程の関係性もわかりづらくなります。noteの成長モデルは、「読者を増やすことによって、作者を増やそう」というように、ものづくりにおける後工程のように、次の成果へのつながりを意識するためのものなのです。

さきほどのダニエル・キムの言葉を使えば、関係の質を高めるために、その関係性のつながりを可視化するということです。これは、タスク同士のつながりによって構築される、ビジネスの構造を可視化することであり、単独のタスクをバラバラに可視化することよりも本質的なものなのです。

38 「脱出チャンネル」でタスク管理する

さて、また一日、ハック的なコツに戻ってみたいと思います。タスク管理を、Slack、Microsoft Teamsのチャンネル機能を使って行うというハック。GMOペパボが行っているという**「脱出チャンネル」**です。[14]

これは、タスクに対して専用のチャンネルを作成して、そのタスクを終了した人から「脱出」するというもの。たとえば「年末調整申告書の提出」といったタスクについて専用チャンネルを設定、そのタスクを

脱出チャンネル

14「【7社まとめ】イチオシの『Slack活用術』を公開！　独自の運用ルールからアプリ連携まで」、https://seleck.cc/1357、SELECK、2020年。

しなければならない人を全員招待します。年末調整に関連する質問もそのチャンネルで行いながら、提出を終了した人からそのチャンネルからの離脱が許されるのです。

これであれば、今誰がタスクを終了していないのかが一目瞭然ですし、タスクを終了した人はチャンネルから脱出することで、このタスクにまつわるやり取りから解放されます。自分とは関係ないやり取りでイライラさせられることもなくなるのです。

39 テレビ会議の便利ツール「スピーカーフォン」

さて、ここまで非同期な働き方に対応するためのコミュニケーション、特にタスクにまつわるやり取りを紹介してきました。このように、働き方がどんどん非同期化されていくなかで、とはいえ、顔を突き合わせてやり取りすることも必要になります。

従来の「ホウレンソウ」と呼ばれる、報告、連絡、相談は、もはや非同期で構いません。同期しないといけないのは、アイデアを出し合ったり、その場で意思決定したりするような、場を共有しておくことが重要な会議です。

たとえば、互いに刺激を受けながらアイデアを出し合うブレインストーミングは、時間をおいた非同期の環境では時間が空きすぎて即興性が出ません。また、意思決定するときの会議ではその場で賛成・反対を即座に表明する必要があり、これもまた非同期だとまどろっこしい。

そうした会議には、Zoomなどを使ったテレビ会議を行います。遠隔でありながら、身近に感じられるテレビ会議は、在宅勤務の強い味方です。

このテレビ会議を円滑に行うためのツールとしておすすめしたいのが、音声まわりのツール。ひとりで会議に出るのであれば、イヤホンは必須です。できれば、AirPodsのようなワイヤレス、さらにAirPods Proのようなノイズキャンセル機能のついたものがいいでしょう。周りの雑音に気を取られることなく、相手の音声に集中することができます。

また**多人数で参加する場合には、スピーカーフォンがおすすめ**です。メンバーの真ん中あたりにおけば、相手からの音声もスピーカーを通して聞きやすくなりますし、またこちらからの音声も大きめのマイクを通じてクリアに伝わります。

私の使っているJabra Speak 510は、Bluetoothに対応していて、PCやタブレット、スマホから遠く離れた場所からでもワイヤレス接続することができます。多人数参加の場合、必然的にカメラを遠くに置かないと全員が画面に入りません。そのとき、ワイヤレスでスピーカーフォンだけメンバーの近くに置くことができると、テレビ会議が格段にスムーズに進むのです。

GN オーディオジャパン
「Jabra Speak 510」

40 テレビ会議を生産的に変える「議事録ドリブン会議」

このZoomのテレビ会議は、原理的には電話と同じように同期性が求められるメディアです。録画機能もあるので動画をあとから視聴する非同期でのキャッチアップもできますが、しかしそれも手間です。

そうすると電話と同様、やり取りがログに残らず、その場に参加できなかった人には伝わらないことになります。そこにいない人には、伝えることができないのです。

ログが残らないというのは、共有するという以外にも問題を引き起こします。それが、議論が空中戦になって、その場にいる参加者でさえも話題を共有できないという問題です。

直接集まっての会議もそうですが、しゃべっている言葉のやり取りだけで進めていると、話題がすっかり脱線したり、うっかり「何についてしゃべっているんだっけ?」というような状態になりかねないのです。

ログを残すというのは、あとから共有することももちろん、その場にいる人たちが話題を共有し続け、脱線を防ぐ意味もあるのです。

そこでおすすめしたいのが、**議事録ドリブン会議**です。Zoom の画面共有の機能を使って議事録の画面を表示し、議事録を作成しながら進めていくのです。議題に対しての発言を、議事録担当者が記録していき、その場で参加者の合意をとっていきます。そうして会議が終わる頃には、全員の合意がとれた議事録ができあがるというわけです。

できあがった議事録はそのまま、チャットツールで参加できなかったメンバーも含めて共有します。Zoomでの空中戦のやり取りが、しっかりと文字として残るので、在宅勤務の非同期性にもぴったり寄り添うことができます。

そして重要なことは、誰もが議題から外れたトンチンカンな議論をしなくなるということです。全員の注意が議事録に向いており、会議が迷走することがなくなるのです。議事録を書き残した部分があればすぐに気づきますし、すべての議題について結論が出たのか（もしくは結論を先延ばししたのか）を全員が共有できるのです。

私はこの議事録ドリブン会議を、Zoomでのテレビ会議だけではなく、普通の集合型の会議でも行っていたのですが、そのときにはわざわざ全員が画面を確認できるプロジェクターを用意しなくてはならず、環境によっては議事録ドリブンを諦めなければなりませんでした。しかしZoomでの会議は、議事録の画面を鮮明に共有することができるので、いともかんたんに議事録ドリブン会議が始められて、ちょっとした衝撃でした。

こうなると、正直リアルな会議よりもZoomのテレビ会議のほうが効果的であり、むしろ遠隔のほうがよいのではないかと思ってしまうほどです。

41 さわいでも大丈夫「子どもハック」

BBCの生放送中にうっかり子どもが部屋に乱入してきた映像を見た方も多いのではないでしょうか。重要なテレビ出演のタイミングで、自分の部屋に子どもが入ってきてしまったこのできごとは、幸い微笑ましい話としてその後、語られることになりました。

しかし、万が一これが、取り返しのつかない事故につながったらと考えると、不安ですよね。社内の打ち合わせならまだしも、社外の人とのテレビ会議で子どもが入ってくると、打ち合わせどころではなくなってしまいます。子どもには、できるだけシンプルなルールで入ってこないように伝える必要があります。

https://www.cnn.co.jp/fringe/35097995.html

まずは**ゾーニングを明確にする**。つまり、仕事エリアと遊びエリアとを明確に分けておきます。一番わかりやすいのが、自分の部屋などを仕事部屋にしているケースで、「1時間くらい部屋に入ってこないで」と言えばいいでしょう。

そのうえで、入ってきてはいけない**時間を決める**。その間は、打ち合わせ時間に合わせて、アニメ番組などを見せておきましょう。「打ち合わせ」＝「アニメが見られる」という条件にしておけば、打ち合わせを楽しみにさえしてくれます。長時間の打ち合わせであれば、映画を選ぶなど、時間に合わせたコンテンツ選びも重要です。

また、できるだけ打ち合わせ以外ではテレビを見せないでおき、テレビが特別になるようにしておくことが重要です。そうすれば、打ち合わせの間、じっくり見てくれるはずです。

42 背景を変えて「なごみ系ビジネス会議」をする

さて、Zoomはテレビ会議の背景を変えるバーチャル背景機能をもっています。これがあれば、部屋が汚れていたとしても背景を見せることなく打ち合わせができます。[15] オフィス風景なども選べますが、場合によっては、オーシャンビューのリゾート風景など、

Zoomのバーチャル背景機能
https://support.zoom.us

リラックスした風景を選ぶと会議も和みます。制約条件を考えずにアイデアを広げていくようなときには、思い切って非日常の風景を選ぶなど、目的に応じて選んでいくといいでしょう。

物理的にオフィスを変えようとすると、たいへんなコストがかかります。しかしこうして背景画像を変えるだけで、気分が大きく変わります。Google のようなクリエイティブなオフィスがすぐに実現できてしまうのです。

僕の場合、さらに会議やセミナーに合わせて背景を変えています。ビジネスモデルイノベーション協会（ＢＭＩＡ）の打ち合わせには、ビジネスモデル・キャンバスを背景にしたもの、ＮＵＣＢの大学関連の打ち合わせには大学の教室を背景に、一般社団法人きりぶえの打ち合わせは霧の風景など、背景を変えるだけで打ち合わ

15 PC の場合、グリーンスクリーンなしで使おうとすると、一定のスペックが求められる。

せの気分も変わります。
このあたりは、将来的にVRなどの技術で仮想オフィスがどんどん実現していくのだと思いますが、まずはバーチャル背景によるオフィスでその気分を味わいましょう。

43 共有チャンネルで外部パートナーと共創する

在宅勤務時代においては、コミュニケーションの場が外部に開かれていきます。その開かれた場には、在宅勤務の社員だけでなく、社外のプロフェッショナルや他のパートナー企業なども参画可能です。これからの時代、プロパーの社員だけでなく、外部の優秀なメンバーとコラボレーションしながら価値を生み出していく、いわゆる**オープンイノベーション**の時代になります。

具体的には、Slackなどの**共有チャンネル**があげられます。ここにはゲストユーザーを招いて、やり取りすることができます。プロジェクトごとにチャンネルを立ち上げて、社外の人を巻き込んでいく。このやり方には、これまでの社内外に境界を作る仕事の仕方と

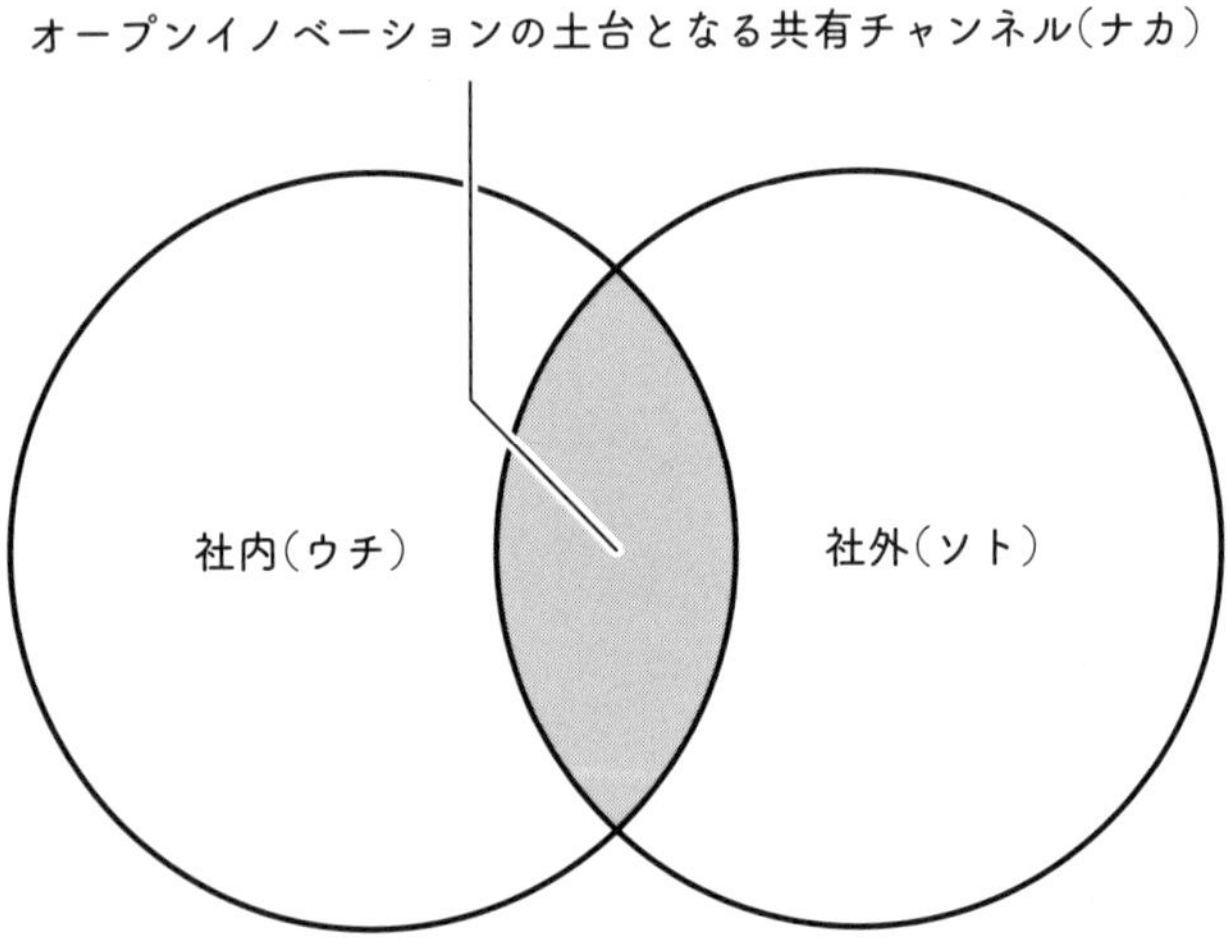

はまったく異なる働き方があります。共有チャンネルという**「開かれた場」**から、新しいイノベーションが生まれてくるのです。

まずプロジェクトがスタートしたら、共有チャンネルを立ち上げます。そこに社内の人はもちろん、社外のパートナーを招待してコミュニケーションがスタートします。そのプロジェクトに関する、社外の人とも共有すべき情報はすべて、そのチャンネルでやり取りします。

そこでのコミュニケーションは、社外の人とも在宅勤務の社員とも、同じ感覚です。社内外の立場は関係なく、その人の持つ専門性や能力についてお互いにリスペクトし合いながらやり取りする。このフラットで境界を定めないコミュニケーションこそが、オープンイノベーションを支える土台となります。

その開かれた場をどのようにマネジメントして、どうやって価値を生み出すのかが、これからの企業に求められている課題です。これまでのような、すべてを制御しようとするコントロール型のマネジメントではなく、一人ひとりの可能性を広げていく**ファシリテーション型のマネジメント**が求められているのです。具体的なテクニックが、タスクにまつわるコミュニケーションでしたし、考え方としてダニエル・キムの組織開発モデルなどを紹介してきました。

私がもともといた広告業界では、こうしたフリーランスのクリエイターとの協業が一般的でした。他の人にはできない表現をする唯一無二のクリエイターは、大手企業とも対等に付き合っていました。そこでは会社内にあるような雇用・被雇用の権力関係ではなく、信頼関係でつながっていました。

企業側のマネジメントが変わっていくように、同時に雇用される側も、どれだけ自分独自のアウトプットができるのかを示さなければならない時代になったとも言えます。そうしなければ、海外の発展途上国の安い人件費の人材との競争に巻き込まれ、どんどん給料が安くなっていってしまいます。好むと好まざるとにかかわらず、こうしたグローバルな人材競争に巻き込まれていく時代なのです。

こうした時代において、人材はふたつに分れていくでしょう。ひとつは得意分野を持つプロフェッショナル人材、もうひとつはプロフェッショナルたちをたばね、コラボレーションしていく**ファシリテーター型人材**です。ここで紹介してきたハックは、まさに後者として活躍するためのスキルセットでもあるのです。

44 縁側と共創

日本家屋の特徴のひとつに、**縁側**があります。縁側は内部のプライベート空間でもなく、外部のパブリック空間でもない、ちょうど中間の存在、**セミパブリックな空間**です。ウチ、ソトの間にある空間で、そこには外からやってきた人が腰を掛けたり、かんたんなお菓子やくだものを出しておもてなししたり、将棋を指したりと、コミュニケーションが盛り上がったり、またさまざまな活動が行われたりします。

会社のウチ側とソト側は、これまではっきりと分かれていました。ところがこの境界が今、曖昧になってきています。副業や兼業といった、複数の会社に所属する働き方が広まってきましたし、また一方で、クラウドソーシングのように外部のスタッフにプロジェクトに参画してもらうようなことも増えてきました。

そうしたなか、まったく外部の人を受け付けない空間は、プロジェクトを進めるにあたってだんだん不便になってきました。情報漏えいの危険を避けるため、ウチの情報に対して強固なバリアを張るようになると、ソトのメンバーとのコラボレーションがうまく進まなくなるのです。

そういった問題を解決するべく、Slack や Microsoft Teams などのサービスが、縁側的なオンライン空間を提供し始めました。ゲストユーザーを登録して共有チャンネルへ招待すると、そこが会社のウチでもソトでもない縁側となって、**共創**が行われるのです。

これはバーチャル上の話だけではなく、リアルの世界でもそうです。コワーキングプレイスの人気が高まり、フリーランスを含めたさまざまな立場、肩書の人が、同じ場所をシェアしながら仕事をするやり方が広がっています。

会社の枠組みを超えてさまざまなプロフェッショナルと共創する。在宅勤務はそうした働き方の先端を行くものなのです。

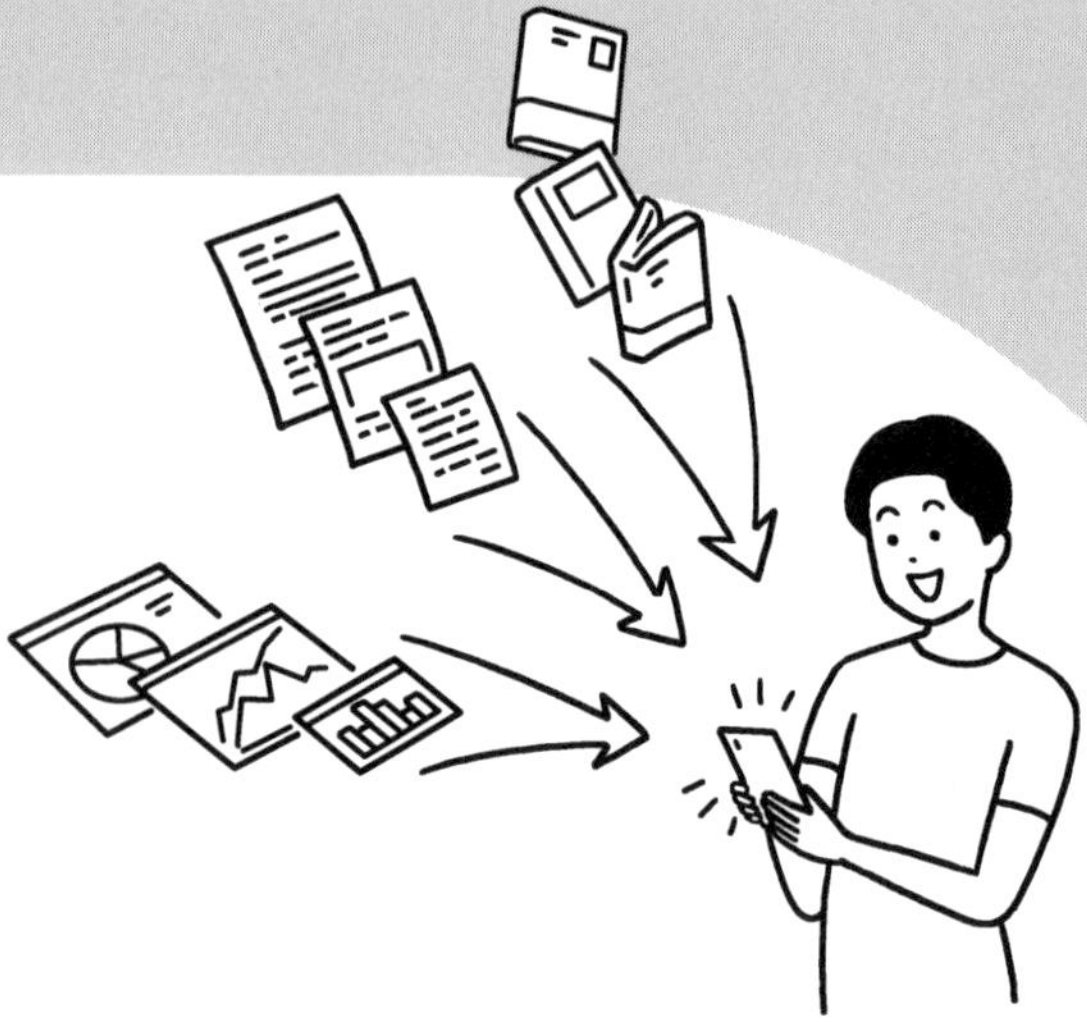

情報整理というテーマは、そもそも在宅勤務に関係なく重要です。なぜ本書にこのテーマが入っているかといえば、あの昭和の亡霊、「紙」の存在があるからです。在宅勤務がせっかく始まったのに、書類への捺印のために出社するなんてアホらしいことが、今でもまかり通っています。

こんな後ろ向きの理由で書き始めた本章ですが、いろいろ検討してみると、在宅勤務ならではの情報収集術があることもわかってきました。たとえば、在宅勤務だからこそ、音声や映像を周りに気兼ねすることなく流すことができる、といったことです。

ここで紹介するのは、「紙からデジタル」という話にとどまらない、「紙から映像へ」というパラダイムシフトが起こっているのだという時代認識に基づく在宅勤務ハックです。

第4章

情報整理ハック

情報洪水から身を守り、最新情報を手に入れる

45 紙の書類が抱える3つの問題

稟議書に押されたたくさんの捺印。まあなんとも昭和な風景ですが、なかなかなくならない。先日も一般社団法人の設立を行ったのですが、うっかり印鑑を作るのを忘れていて、あわてて作成したりしました。エストニアなどが電子国家として有名になる時代に、日本はいったい何時代なのかと思ってしまいます。

民間企業の仕事の場合、ペーパーレス化がかなり進んでおり、企業研修などでも紙のテキストの配布を控えるようになってきました。しかし同じ民間企業でも、銀行にはうちの会社のような零細企業についてもちゃんと紙の書類を整理したファイル一式があり、驚きました。大企業のものまで含めたら、どれだけの書類が保管されているのだろうかと気が遠くなります。ほかにも、飲食業や不動産業界はいまだにＦＡＸでのやり取りが当たり前のように行われています。飲食店支援のために通信販売で注文しようとしたら、ＦＡＸ注文でびっくりしました。

それから行政からの仕事はいまだに、すべて紙。打ち合わせするたびに書類が溜まっていき、その保管に本当に苦労します。また、スケジュールなどの連絡が、手紙でオフィスに郵送されてくるので、うっかり受け取れなかったときなどはたいへんです。

プライベートだと、学校からの連絡も子どもが持ち帰る手紙が基本です。デジタルに慣れていない人のことも考えると、紙での対応も致し方ないのかもしれませんが、うんざりすることが多いです。

ともかく、この時代の日本においては、まだまだ紙が重要であり、在宅勤務をするにあたっても紙とのうまい付き合い方が必要なのです。

さて、紙が抱える問題にはどのようなものがあるのでしょうか。

まず、とにかく**スペースを取る**ということ。一枚一枚は薄くても、まとまるとそれなりの分量になり、保管スペースが必要になる。また、一度保管してしまうと、死蔵されてしまうことも多く、ほとんど手に取らない重要ではない書類も、重要な書類に紛れて保管され続けてしまう。潤沢なスペースのあるオフィスであれば問題ないのですが、自宅にそのようなスペースを用意するのは大変です。

第二に、**持ち運びがたいへん**だということです。会社に届いた書類は、データであればメール一本で済みますが、紙の書類を転送するにはコストも時間もかかります。せっかく在宅勤務を可能にしても、紙の書類の受け取りや捺印のために、会社に行かないといけないという状況が生まれてしまいます。クラウドにあるデジタルデータのように、「いつでも、どこでも」というわけにいかないのです。

第三に、**検索性が低い**ということです。探そうと思っても、山積みの書類の中から目的の書類にたどり着くのは、本当にたいへんです。大塚商会の調査によれば、年間150時間もの時間を、ものを探すということに使っているということです。[16] 在宅勤務に限らず、こうした「探す時間」を減らすべきだというのは、当然の帰結でしょう。

もう何十年も言われ続けているペーパーレス。在宅勤務する人にとっては死活問題とさえ言えるでしょう。これを機会に実現していきましょう。

46 紙を瞬時にデータ化する神アプリ

在宅勤務の死活問題である紙の書類は、法的に紙として残しておかないといけないものを除き、データ化する。これが大原則です。この原則を実行するには、手軽にデータ化するプロセスが欠かせません。

その紙、いや神アプリとして紹介したいのが、Microsoftのモバイル版の**Officeアプリ**。以前はWordやExcel、PowerPointに分かれていたアプリが統合されたものなのですが、その際、書類撮影アプリである**「Office Lens」**も一緒に統合されました（以降、この機能を「Office Lens」と呼びます）。

このOffice Lensですが、紙のスキャンにとても便利。書類を斜めから撮影しても傾きを自動補正してくれるのですが、これがなかなかの精度で、最近のスマホのカメラの品質向上もあって、下手なスキャナーよりもよっぽど高精細に読み取りが可能です。もともとのデータが高精細なので、傾きを補正しても

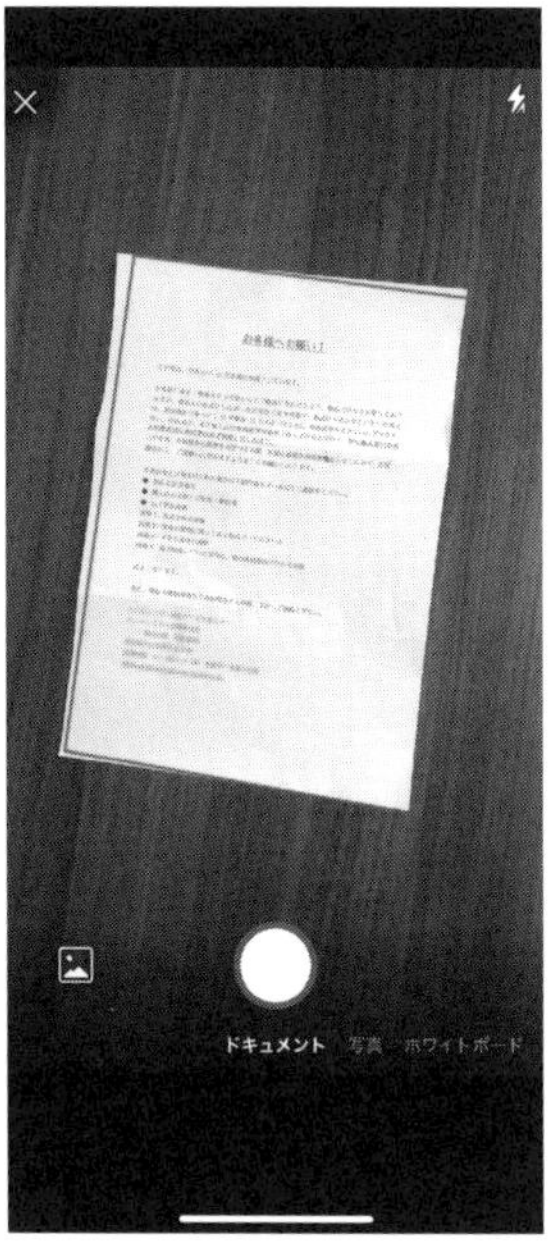

「Office Lens」で読み取った書類

16「"年間150時間"も、ビジネスパーソンは●●●に費やしていた…——残業をしないチームの仕事術」、https://next.rikunabi.com/journal/20171128_m1/、リクナビNEXTジャーナル、2017年。

しっかり字が読めます。また、ホワイトボードモードにすれば、あの独特のコントラストや反射を考慮した画像補正をしてくれます。

このOffice Lens、さらにすごいのは、書類の文字データをOCR機能によって読み取ることができ、書類を画像データやPDFだけでなく、そのままWordやExcel、PowerPointなどのファイルに変換してくれるのです。その精度もかなりのもので、ちょっとくらい文字や画像が歪んでいても読み取ってしまいます。

47 大量の書類はスキャンしてフォルダに放り込む

スキャンする書類の量が多い場合は、やはり専用の**ドキュメントスキャナー**が便利です。富士通のScanSnapはその定番です。私は、iX1500という卓上型のものを使っています。最大50枚、フィーダーに原稿を乗せることができ、1分間に30枚のスピードでスキャンしてくれます。束の書類でもあっという間です。

そうやって紙の書類をスキャンしていく流れの中で、私は本もどんどんPDFにするようにしていました。いわゆる「自炊」というものです。背表紙をざっくり裁断して、さきほど紹介したScanSnapで読み込んでいく。そうして数えてみると、なんと２０００冊もの本をＰＤＦにしてしまいました。たいへんな作業でしたが、それも、ScanSnapの大量処理能力があってこそです。

また、このScanSnapがいいのは、クラウドサービスとも連携しているところ。私はスキャンしたデータは自動的にDropboxへと保存されるようにしています。チームで共有しているフォルダに保存されるように設定しており、スキャンデータがすぐにチームメンバーと共有できます。

こうして紙の書類をデータ化し、さらにクラウド保存すると、書類がオフィスにあっても、どこからでもスキャンデータを閲覧することができるようになります。紙の書類を確認しに出勤するなんて馬鹿げたことがなくなり、在宅勤務のストレスが激減しています。

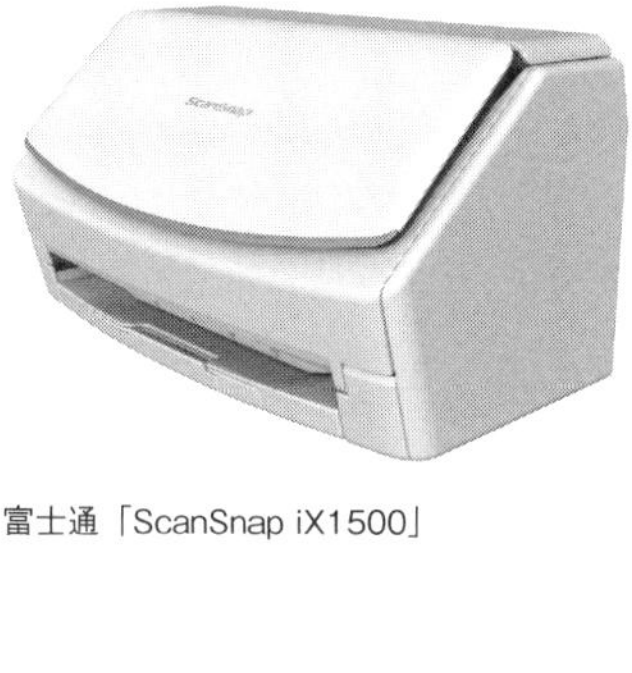

富士通「ScanSnap iX1500」

48 データ保存の「ポケットひとつ原則」を守る

このScanSnapを使うにあたって、ひとつ注意点があります。それは、紙の書類をたくさんスキャンすればするほど、あとから検索するのがたいへんになるということ。OCR機能で文字を読み取ることで、ある程度検索できるようにはなります。しかしOCRも完全ではありませんし、見つけられないこともあります。そうしたときに頼りにしているのが、**スキャンした日にち**です。

というのも、資料を受け取った日にちというのは、スケジュールを確認すればすぐに分かるからです。その後数日以内にスキャンしたデータを探せば、簡単に見つかります。

こうした日にちによる検索ができるように、いくつか工夫をしています。まず、スキャンしたデータのファイル名にはスキャン日時が入るようにしています。そしてスキャンデータはあえて、ひとつのフォルダにすべて放り込んで、変に分類はしていません。そうすると、ひとつのフォルダの中でスキャンした書類データが、スキャンした順番にずらりと並びます。

このような同じフォルダに入れておくもうひとつのメリットは、そこを見れば必ずあるという安心感です。これを、『「超」整理法』の野口悠紀雄さんは、**「ポケットひとつ原則」**と呼びました。

この方法はシンプルであり、同時に画期的でした。多くの人が、あとから見つけやすいようにと分類するのですが、それこそが整理の落とし穴だと指摘します。分類は常に、**「コウモリ問題」**をはらんでいます。

コウモリ問題とは、鳥と獣の争いの中で、コウモリがどちらにも「仲間ですよ」といい顔をしたというイソップ物語になぞらえて、鳥にも獣にも分類しうる存在をどう扱うかという問題です。こうした分類に迷うものがある以上、無理に分類すればするほど、行方不明の書類が大量に発生してしまうのです。苦労して分類したにもかかわらず、です。

それであれば、分類するのではなく、前記のような時間軸検索をすべきである。それが野口さんのたどり着いた結論でした。野口さんは当時の大蔵省に勤めていたときに、大量の書類を管理するのに苦労した経験から編み出したもので、30年近く前の本ではありますが、いまだにそのノウハウは色褪せることがありません。

49 名刺のデータを自動アップデートする

在宅や外出先で確認したくなる紙の書類といえばもうひとつ、名刺があります。これも、やはりスキャンしておくと、いつでもどこでも参照でき、非常に便利です。

私は、名刺の整理に**Eight**を使っています。これはスマホの名刺アプリで、その場でのOCRに加えて、あとは手入力も組み合わせた読み込み機能を持ち、精度は高いです。スマホの電話帳にも連携し、入力した名刺データがすぐに連絡先にも追加されます。

またEightからメールを送ることもできるのですが、そのとき、メールの冒頭にちゃんと相手の会社名、部署、肩書などを自動入力してくれて、メール作成の手間も省くことができます。これもまた非常に便利です。

さらにこのEightが優れているのは、SNS的な機能も備わっていて、情報がアップデートされる点です。つながりのできた人が投稿した近況報告がきたり、つながりのある会社の企業ニュースが流れてきたり、名刺のアップデートなども自動で行われるのです。

連絡先を普通に入力しただけでは、当たり前ですが、自動でのアップデートはありません。そのため、名刺を受け取ったその日から、名刺の情報はどんどん古くなってしまいます。

Eightはそういう心配もないですし、加えてニュースも流れてくるというすごい名刺アプリなのです。

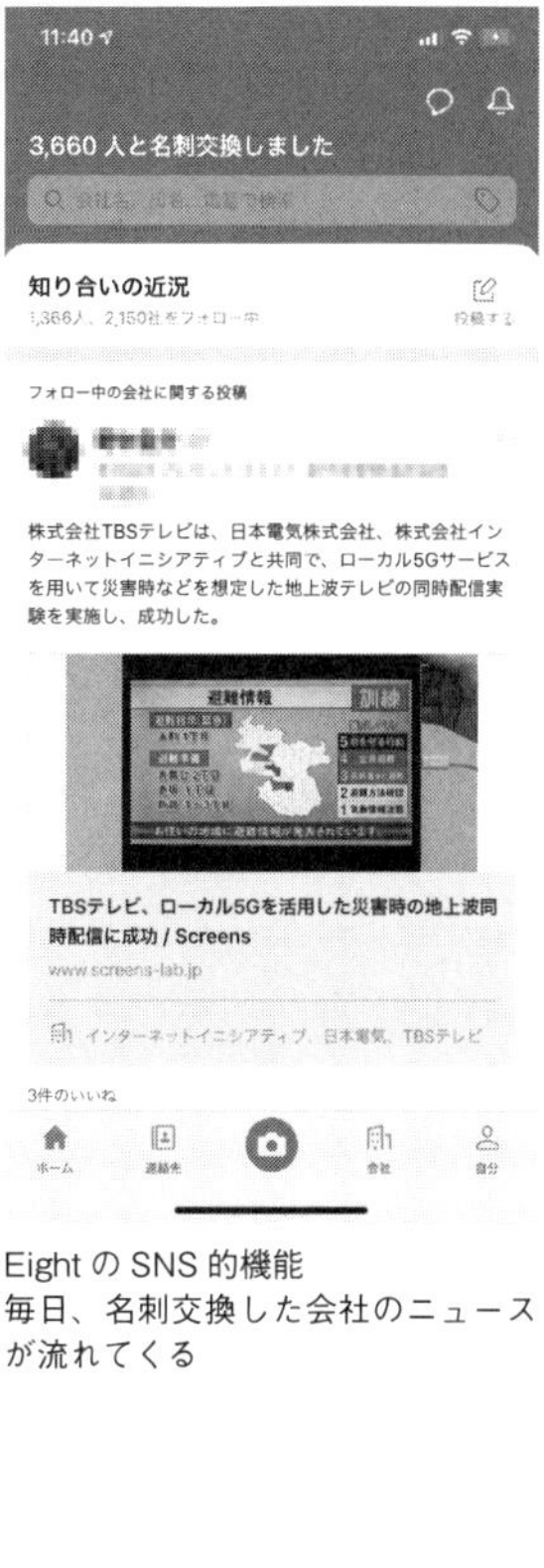

Eight の SNS 的機能
毎日、名刺交換した会社のニュースが流れてくる

50 経費精算もアプリで完結させる

私の会社では、経費精算もアプリで完結させています。**freee**というアプリで、領収書を写真に撮って、そのデータを添付して経費登録することができます。各自がこれをやっ

て提出、経理側でチェックして、最後は私が承認して精算というフローで行っています。ですので、わざわざ出社して経費精算する必要がありません。

　残念ながら、法律上、アプリを用いた撮影ではデジタル保存の要件を満たしておらず、領収書の原本は必要となるのですが、それでも随分楽になります。領収書は、あとでまとめて保管するようにしています。

　freeeのアプリも年々進化していて、Office Lensと同様に傾き補正の機能も加わっています。また、撮影した領収書のデータをOCR解析した上で、金額や費目など推測して自動入力もしてくれます。入力の手間も省けるので、重宝しています。

経費精算アプリ freee
領収書からOCR機能によって取引日、勘定科目、金額が自動入力されている

51 共創を促進するフォルダ命名ルール

遠隔で作業をしているときに共通の作業プラットフォームになるのが、クラウドです。クラウド上のファイルなどを共同作業によって仕上げていく。クラウドにある共有フォルダが、まさに**仮想のクラウドオフィス**となっているような感覚になります。

そのクラウドオフィスですが、多くの人が出入りするという性格上、誰もが共有できるルールで運用されている必要があります。そうでなければ、必要な情報がどこにあるのかわからなくなってしまうためです。

そのルールのひとつ、フォルダの命名ルールですが、他の名前とかぶらないことが大前提です。その「かぶらないもの」の代名詞が**時間**です。同じ2020年3月31日が2回来ることはなく、フォルダに日付を入れておけば重複する危険は避けられます。日付をフォルダ名の最初に記載すれば、日付順にきれいに並べることもできます。これは先にも紹介したポケットひとつ原則でも採用した時間軸整理ですね。

たとえば私の会社の主要事業のひとつに研修事業があるのですが、このフォルダは「研修の実施日＋クライアント名」というルールになっています。たとえば、「20200331東洋経済新報社」という感じです。年間１００日ほど研修・セミナーをしていますが、それらが混乱することなく整然と並んでいます。

もう少し長期的なプロジェクトであれば、「プロジェクトの開始月＋クライアント名」という命名にしています。「202003東洋経済新報社」という感じですね。プロジェクトは数カ月という単位で実施されるので、日付まで細かくしなくても、月単位で大丈夫です。

こうしたフォルダを、今度は年のフォルダに保管します。たとえば「2020セミナー」というフォルダを作って、そこに２０２０年に実施した研修・セミナーのフォルダを入れるわけです。

フォルダ名は日付＋●●で統一

そうやって時間軸でフォルダを整理する。誰もが迷うことなく使える仮想のクラウドオフィスを用意するには、これくらい迷うことのないフォルダの命名ルールを徹底する必要があるのです。

52 本棚を確保してインプットの幅を広げる

紙の書類をなくすため、さきほども触れたように、本も「自炊」していました。PDFにすると、データをどこにでも持ち運べるし、OCRで読み取っているので検索もできて、さらに引用もコピペでできる。いいこと尽くしかと思っていました。

ところが、一度PDFにしてみると、データとして死蔵されてしまって、なかなか本を読む気持ちにならなくなってしまったのです。PDFを画面で見ながらだと、紙をめくるような気軽さがなく、どうしてもおっくうになってしまうのです。

またKindleなどの電子書籍なら、文字の大きさを変えたりできるのですが、本をスキャンすると、iPadなどで読む場合に、字がかなり小さくなってしまうのも問題でした。スキャンの状態によっては字もガタガタ。そういう本に向き合うのに、根気がいるのです。

それから、本との出会いの偶然性も失われてしまいました。本棚に並んでいると、ふと興味が湧いてもう一回手に取ってみるということがありますが、PDFデータを眺めていてもなかなかそういう気分になりません。本との出会い、再会が、うまく起こらないのです。


こうした問題もあって、大学院の博士後期課程に進学したタイミングで、2019年に本棚を復活させました。オフィスの壁一面を本棚にしてしまったのです。これがすごくよかった。博士論文を執筆するには、たくさんの参考書籍を読まなくてはいけないですし、一度に何冊も同時並行で読み進めなくてはなりません。そういう読書をするのには、すぐに手に取れて、複数の書籍を見渡せる本棚が、非常に効果的だったのです。

本棚では、同じようなカテゴリーで本をまとめておくようにしました。そうすると関連する話題のつながりが可視化されて、本同士の関係性も見えてくるように思いました。博士論文は文化財を活用した地域活性化というテーマなのですが、それが文化財保護の話だけでなく、創造都市というテーマにもつながり、また自治体の文化政策の話、地域の芸術

自宅には必要な本を選んで手の届くところに並べている

オフィスには壁一面に本を並べて、いつでも手に取れるようにしている

活動にも関連していくということが、本棚を見ると一目瞭然にわかってくるのです。

自宅の場合はもちろん、スペースは限られているのでこうした巨大な本棚を置くことは難しいですが、必要なものを選んで入れ替えながら使っています。インプットを広げるためにも、本棚スペースを用意しておくことは無駄にはならないと思います。

53 教養を身につける散歩術

在宅勤務は、会社からの距離を取るだけでなく、実は自分の専門分野、普段の業務からも適切な距離を取るいい機会になります。専門分野を深く掘り下げることも重要ですが、そうするとどうしてもタコツボ化していきます。他の分野に対して無関心になり、その分野の人しかわからない専門用語で会話をするようになってしまいます。

今の時代は、第3章の「コミュニケーションハック」のところでも触れたように、多くの異なる専門家をうまくチームとして率いていく力が必要です。そうしたときに、専門分野にどっぷり浸かりすぎていると、コミュニケーションがうまくいかず、チームをまとめることができなくなります。

つまり、専門性をもつことも重要ですが、それ以上に、さまざまな領域を浅く広く知っているという、いわば**教養が必要となる時代**になってきたと言えるでしょう。

おすすめは、大型書店に行き、**自分とは直接関係のない分野の棚を見て回る**ことです。そうすると、それぞれの分野でどのようなことが議論され、研究されているのかが見えてきます。言わば、教養を身につける散歩です。

広告代理店にいたときには、消費者の気持ちを学ぶために、普段読まないような雑誌、たとえば男性であれば女性誌を読むように言われました。実際に読んでみると、男性では思いもつかないような発想や考え方を学ぶことができました。

広告代理店であれば、男性社員がオフィスで女性誌を読んでいても問題ないですが、普通の会社であれば奇異の目で見られるでしょう。在宅勤務だからこそ、そうした他人の目を気にせず、視野を広げるチャンスもあるはずです。

54 現場で目に見えない情報を収集する

在宅勤務では、オフィスに縛られることがないだけでなく、自宅で働く必要もなくなってきます。だったら、さっさと自宅を離れ、新しい出来事が起こっている現場まで足を延ばして、そこで起こっている現象について、**一次情報を直接収集する**べきです。

たとえば高級かき氷が流行っているニュースを聞いたら、すぐにその現場まで行ってかき氷を食べ、どんな人が食べに来ているのか、なぜかき氷がそれほどまでに人気なのか、ここから学べることとは何なのだろうか、などと現場にいるからこそできるさまざまな情報収集、分析が可能になります。それは、何百万円もお金をかけたマーケティングリサーチに匹敵するほどの示唆に富む一次情報です。

シリコンバレーの有名起業家であり、同時に実践的な起業家教育を行っているスティーブ・ブランクは、「**建物から出よ（get out of the building）**」ということを強調しています。

机の上でいくら計画を立てても、実際に顧客に会って話を聞いてみると当初の想定がいと

も簡単に覆ってしまいます。そうした経験を何度もする中で、ベンチャーが成功するためにはいち早く顧客に会って、顧客の本当のニーズをつかむことが重要であると確信したのです。それを顧客開発モデルというプロセスに落とし込み、実践しています。

在宅勤務というのは、その点で既にオフィスビルからは脱出をしています。しかしせっかく脱出したのに自宅という場所にとらわれていてはもったいない。スティーブ・ブランクが言うように、ビルから、そして自宅からも飛び出し、顧客のいる場所に行って本当のニーズを肌で感じていくことが、ビジネスパーソンが新しい価値を生み出すために重要なのです。

現場でものを見るのにも、コツがあります。これはコーチングのスキルを学ぶときに私が教わった、**3つのレベルの傾聴**が役に立ちます。コーチがクライアントの話に耳を傾けるやり方にも、3つのレベルがあるのです。

1つ目が**内的傾聴**と呼ばれるもので、相手のことを見ているようで実際には自分の内なる気持ちや考え、感情に注意が向いている状態です。この状態だと、クライアントはコーチが自分のことを聞いてくれていないというふうに感じます。たとえば、部下からの相談を受けているときに、上司が「こいつになんてアドバイスをしようか」と考えながら聞いている（ふりをしている）状態などが、内的傾聴です。

2つ目が**集中的傾聴**と呼ばれるもので、相手の話に注意を向けて集中して聞いている状態のことをいいます。こうなるとクライアントは、確かにコーチがしっかりと話を聞いてくれているという感覚を持ってくれます。相手の話を聞き漏らすまいと集中している状態ですが、コーチングにおいては、これは十分ではありません。

集中的傾聴を超えるものとして、3つ目の**全方位的傾聴**があります。これはクライアントの話していることだけではなく、その場の雰囲気やクライアントの様子など、360度全体に向けて注意を払っている状態です。この状態で相手を観察していると、たとえば話していう内容は勇ましいものであっても、実際には不安に感じているな、といったことがわかります。この状態で話を聞いてもらうと、クライアントは、単に話を聞いてもらっているというだけでなく、自分を受け入れてもらっていると感じます。

現場で観察するときも、実際に起こっていることだけではなく、その背景にある目に見えないものまでも感じ取ることが重要です。

さきほどのかき氷の例で言えば、店員さんの雰囲気やお店の様子、待っているお客さんたちの雰囲気、出てきたかき氷から受ける印象など、全体に注意を向けて、そのときに受けた感覚を記憶するようにします。それがのちのち、新しいアイデアを出すときの源泉となってくるのです。

55 SNSで時間を浪費しないテクニック

こうした現場の情報を伝えてくれる貴重なメディアとして、SNSがあります。地震、津波のような災害や新型コロナウイルスのような疫病、さまざまな事件など、メディアにも出てこないような一次情報に触れられるものとして、重要な情報源になっています。一方で、情報のノイズも多く、フェイクニュースやあまり重要ではない雑談にあふれています。少し気を抜くと、時間を無駄にしてしまいかねません。

ＳＮＳとの付き合い方は、在宅勤務をするうえでの大きな問題です。オフィスのように他人の目がないので、ＳＮＳでのやり取りについ熱中してしまい、気がつくと日が暮れていたなんてことも。オフィスでは他人がいることで制限されていたことが、在宅勤務になるとその制約がなくなって、時間を浪費してしまいかねないのです。

特にYouTubeなどは、効果的なリコメンデーションを行うので、興味のあるコンテンツが次から次へと目の前に現れてきます。油断すると、つい動画を連続して見続けてしまいます。こうした時間の浪費をどう食い止めればいいのでしょうか。これは依存症と同じで、気持ちだけで食い止めることはできません。

ある問題行動を止めようとするときには、その**問題行動を起こすときの障壁を意識的に作る**というのが定石です。まず、作業用のパソコンからＳＮＳをすべてログアウトして、スマホしかＳＮＳを見ることのできない環境を作ります。そのうえで、スマホを遠い場所に置いておきます。ＳＮＳを見るための障壁を意図的に増やすのです。

ゲームなども同様です。テスト期間中にどうしてもゲームをしたくなってしまう学生が、テレビゲーム機の本体からコントローラーと電源コードを抜き、丁寧にケースに入れて押入れにしまっておくという話を聞いたことがあります。ゲームをしようとすれば、押入れからわざわざ出してきて、テレビに接続して、電源を入れなければならない。そうした障壁を作ることによって、問題行動から自分を遠ざけるわけです。ＳＮＳをつい見てしまう行動も、同様のロジックで回避することができるでしょう。

56 仕事をしながら音声コンテンツでインプット

在宅勤務という、人の目を気にしないからこそできる情報インプット方法も提案したいと思います。たとえば、先に紹介した音楽や音声は、在宅であれば**聞きながら仕事も可能**です。

ラジオであれば、radikoアプリで聞くことができます。Apple の Podcast アプリでは、さまざまなコンテンツがあります。Amazon の Audible というオーディオブックコンテンツもありますし、ほかにも、Voicy や Himalaya などの音声コンテンツプラットフォームも出てきています。これからもどんどんコンテンツが増えていくでしょう。

いわゆるオーディオブックなどの音声コンテンツは、アメリカではかなり一般的です。本屋さんに行ってもオーディオブックのコーナーがしっかりとありますし、ウェブ上のオンラインコンテンツも充実しています。その理由として、アメリカでは車通勤が一般的で、このドライブの間にオーディオコンテンツを楽しむ習慣が根付いている、ということを挙げる人もいます。

そうした環境が原因だとすれば、今後日本においてもこうしたコンテンツが普及することは間違いないでしょう。日本の場合、オフィス勤務だと電車通勤が一般的で、なかなかオーディオコンテンツを視聴するまとまった時間がありませんでした。しかしこれから在宅勤務が一般的になるにつれ、人に気兼ねなく音声を聞ける時間がどんどん増えていくでしょう。

また、音声コンテンツは**寂しさを紛らわせるのにも便利**です。在宅勤務の難しさのひとつに、「周りに人がいない寂しさに耐えられない」ということが挙げられます。ラジオやオーディオコンテンツは、そうした寂しさを癒やしてくれる重要なエンターテインメントでもあるのです。ラジオを流しながらの仕事は、パーソナリティの存在を身近に感じられるので、なんだかにぎやかな場所で仕事をしているかのような錯覚をもたらします。

57 自宅だからこそ気兼ねなくできる映像インプット

映像を使ったインプットは音声以上に、在宅勤務だからこそできる情報収集術です。インターネットが高速化されてからというもの、YouTubeやNetflix、Amazon Prime Videoなど、さまざまな動画コンテンツサービスが提供されています。サブスクリプション型のサービスであれば、見る時間があればあるほどリーズナブルになります。

エンターテインメントだけではありません。YouTubeはこれまで、子ども向けのコンテンツやゲーム中継など、目立つことをやってアクセス数を稼ぐようなイメージがあったのですが、最近ではオリエンタルラジオの中田敦彦さんのYouTube大学や、カルロス・ゴーンとのインタビューを成功させたホリエモンチャンネル、政治や経済のネタなどを配信する専門家のチャンネルなど、大人が見ても楽しめる内容のコンテンツが増えています。

新型コロナウイルスの感染については、ニュースよりも早く現場の一次情報が拡散され、多くの人に現実を知ってもらう重要なメディアとしても機能しました。ニュースを見るよりも先に情報がやってきますし、逆にニュースを見ていると「こんな古い情報を今頃？」と思うことも多くなりました。それくらい、インターネットの動画情報の重要性が増してきています。

教育関連では、これまで海外の大学のオンライン配信が先行していましたが、近年、国内外の大学やセミナー会社が、学習のための動画コンテンツを配信することも増えています。私自身も会社の新規事業として、ビジネスをアートの視点で捉えるセ

動画コンテンツが豊富なYouTube

ミナーシリーズ「CONCEPT BASE」のオンライン配信をスタートさせました（http://movies.conceptbase.net/）。月額1000円で、さまざまなセミナーを見ることができるこうしたコンテンツも、在宅勤務であれば周りに気兼ねすることなく視聴できます。

私の場合、こうした映像視聴のために、デスクにはiPad miniを置いています。パソコン上で映像を流していると、つい他のウィンドウがかさなって見えなくなってしまいます。そうしたストレスがないよう、映像専門のiPadを用意しておくわけです。もし余っているタブレット機などあれば、デスク周りに備え付けておくことをおすすめします。

58 在宅で英語をブラッシュアップする

英語のレッスンなども在宅勤務ならではの情報インプットです。英語は多くの人にとってコンプレックスになっていると思います。ビギナーから見て非常に英語が達者な人が、実は英語力に引け目を感じていたということもよくあります。そうしたコンプレックスを感じている内容について、人前で勉強するというのはなかなか勇気がいるものです。

在宅勤務であれば、こちらも周りを気にすることなく動画コンテンツを視聴しながら英語のリスニングやスピーキングをトレーニングすることができるでしょう。普通に働いていたら、日中の時間はほとんど英語に触れられません。それが在宅勤務であれば、長時間英語漬けになれるわけです。

おすすめは、音声コンテンツのインプットでも紹介した**Podcastの英語コンテンツ**。Monocle24というシリーズは、Entrepreneurs（起業家）やCulture（文化）、Design（デザイン）などのテーマ別にプログラムが用意されており、自分の興味のある内容をフォローするといいでしょう。それから、茂木健一郎さんがおすすめしているBBC Radio 4も勉強になります。ドキュメンタリーやインタビューなどを中心としたプログラムで、適度に専門用語が出てくるので、知識を広げるという意味でも効果的だと感じます。

いわゆる**スカイプ英会話**も、

Podcast「Monocle24」

在宅勤務であれば受けやすいでしょう。仕事の合間を縫って30分のすきま時間で受講することができます。英会話スクールに通う必要もありませんし、仕事で疲れた頭のリフレッシュにもなるでしょう。

在宅勤務を始めてからというもの、英語のスキルが格段に上がった、なんていう話も出てくるんじゃないかと思います。英語のスキルアップなら、間違いなく在宅勤務です。

59 夢の大量アウトプットを実現する音声入力

これまで情報のインプットばかりご紹介してきましたが、実は情報のアウトプットについても在宅勤務ならではの方法があります。それが**音声入力**です。

音声ＡＩスピーカーに代表されるように、音声認識の精度は昨今格段に上がりました。かなり複雑なことをしゃべっても、的確に漢字変換もしてくれます。十分に仕事で使えるレベルになったと言えるでしょう。

この本も、最初の原稿は音声入力で書いています。Wordファイルを開いて、そこに直

接しゃべりながら入力しています。キーボードで入力すると、入力スピードがボトルネックとなって文章がなかなか進みませんが、音声はその何倍もの速度で入力していけます。音声入力がなければ、この本を書き上げるのに三倍の時間がかかっていたと思います。

音声入力には、AirPods Proを使っています。マイクの感度も十分で、しゃべったことがちゃんと文章として入力されていきます。

しかしながら、周りを見渡しても音声入力を使っている人はごくわずかです。外国人は気にせず音声入力でSNSの入力をしていますが、日本人でそれをしている人はほとんど見たことがありません。その原因は、音声入力できる場所が限られていることにあるのではないかと思っています。

オフィスでぶつぶつ独り言をつぶやいているのは恥ずかしいです。また、入力している内容を隣の人に聞かれるのもどうも居心地が悪い。オフィスを離れてカフェなどで音声入力をしようと思っても、周りの雑音が気になりますし、オフィスと同様、ほかの人に聞かれてしまうのが難点です。

ところが在宅勤務であれば、周りの人を気にすることなく音声入力をすることができます。これは革命的です。ソファに寝そべりながら、アウトプットしようと思っていることを頭に思い浮かべ、イメージがまとまってきたら、あとは一気に音声で入力していく。細かな間違いは、あとから手入力で修正すれば大丈夫です。

音声入力によって、キーボード入力の遅さというボトルネックが外れた結果、顕在化したのはなにか。実は、思考スピードこそが、私たちのアウトプット速度のボトルネックだったという、残酷な事実でした。さすがに、考えるよりも先に入力することはできません。そこで必要なのが、次に紹介する思考スピードアップのハックです。

60 音声入力する前に書きたいことのイメージを広げる

音声入力のボトルネックは、思考スピードです。当たり前ですが、考えてもないことをしゃべることはできません。実際に音声入力をやってみるとわかるのですが、しゃべることがなくなって悩む時間がけっこう多い。「もっと早く思考ができればどんどんアウトプットできるのに！」と誰もが思うことでしょう。

音声入力のコツは、この思考スピードというボトルネックをいかに外していくかにあります。どうやって外すか。そこにはコツがあります。

音声入力するときにはいつも、その直前に、ある程度考えを整理しておきます。そのときに、一字一句を準備しておくのは、実は効率が悪い。用意した言葉を言い切ったら、そこで入力が終わってしまうからです。セリフを準備して、そのセリフをそのまま言う、という順番だと、結局セリフを考えるという思考がこま切れになって、思考のスピードが上がっていかないのです。

そうではなくて、しゃべる全体のイメージをおおよそ持っておいて、あとは流れの中でしゃべり続けていくことが重要です。全体のイメージが固まってさえいれば、あとは細かな言い方の違いは気にせず、とにかくイメージに沿って言葉をしゃべり続けるのです。細かい間違いはあとから修正すれば大丈夫です。

重要なのは、**アウトプット全体のイメージができているかどうか**。どんなふうに話が展開し、どんな結論にいくのか。起承転結といってもいいでしょう。それができていないと、しゃべり続けることはできません。

問題は、こうしたイメージを固めようとしているときというのが、端から見ればぼーっとしてるだけのように見えるということです。何もしていないように見えるのです。しかし、本質的に思考というのは、他人から見ればぼーっとしているのか、考えているのか、違いがわかりません。

オフィスで働いているときは、ぼーっとしていると思われたくないので、しょうがなくキーボードを叩いていたかもしれません。それは本意ではなく、また仕事のためなどでもなく、ただ他人の目をごまかすだけのもの。私たちはオフィスにおいて、やむを得ず、仕事をしているふりをしなくてはならなかったのです。

しかし、在宅勤務という手段を手に入れた私たちは、そんな外部からの視線を気にする必要がなくなりました。思う存分、アウトプットのイメージに思いを馳せ、イメージが固まったら圧倒的にスピードの速い音声入力にアウトプットを委ねる。こうして、**本質的な思考プロセスに集中することができる**ようになるのです。

61 ストックと流動

オフィスでの勤務においては、何か考え事をしている時間は他人から見ればさぼってるように見えてしまい、キーボードをカチャカチャ打っている方がよっぽど仕事しているように見えてしまうという知的生産についての大きな誤解があります。

私たちの仕事は本質的に、知的生産です。自分の頭で考えるということが、私たちの仕事の本質です。キーボードをカチャカチャ打っているのは、仕事でもなんでもない。書類を整理している時間もそう。経費精算も、名刺の整理も、およそ知的生産とは程遠い作業です。

たとえていうならば、将棋の棋士の仕事が、将棋の駒を動かすことだと誤解するようなものです。何時間もの持ち時間のほとんどを思考に費やす棋士のように、私たちも**思考中心のプロセスに転換するべきタイミング**なのです。

自分の思考に没頭できる在宅勤務は、他人の目を気にすることなく、思考に集中できます。このことが在宅勤務の革命であり、働き方革命の本質だと言えるのではないでしょうか。私たちはキーボードから解放されることで、思考スピードという、人によって何十倍、何百倍もの差が開く部分での違いが、より一層前景化してくるのです。

そうしたときに、さきほども触れたように、「アウトプット全体のイメージができているか」という部分が非常に重要になってきます。書くことの細かな論理展開というよりも、全体としてどのようなことを言おうとしているのかというイメージ。そして、このイメージを構築するには、相当量のインプットが欠かせません。

また、このイメージの構築には、頭の中に**膨大な情報のストック**がなければなりません。教養と言ってもいいでしょう。この情報は、必ずしも文字だけからくるものではありません。さまざまな直接的な体験や、芸術作品に触れたときの感動、五感を総動員して感じ取った忘れがたい感覚など、顕在化されたものだけでなく、潜在意識の中にあるさまざまな情報が組み合わさりながら、アウトプットとして結晶化していくのです。

これが、この情報整理というインプットハックの中で、わざわざ音声入力というアウトプットを紹介した理由です。インプットし続けたあと、大きなダムが貯水量いっぱいになってあふれるように、イメージは現れてきます。インプットなくしてアウトプットはありません。**インプットのストックこそが、あふれだすアウトプットの前提**なのです。

在宅勤務によって膨大な量のインプットができるようになり、また他人の目を気にすることなくイメージを広げ、高速にアウトプットすることができるようになれば、オフィスで働いているよりも何倍もの成果をあげられるようになります。この感覚は、在宅勤務を始めて10年以上経った今、いよいよ強い実感を伴って私が感じているものです。

自宅に閉じこもる在宅勤務には、ふたつのリスクが生じます。運動不足とメンタル問題です。

これは、新しい働き方を実現するための副作用みたいなものです。在宅勤務においては、これまでのような「キーボードで熱心に打ち込んでいる」とか、「汗をかいている」といった身体的なふるまいは評価されません。「いっしょにいる」という身体的な感覚も失われ、孤独感にさいなまれるのです。

いくら知的労働が重要だといっても、身体が無駄ということにはなりません。身体は実は、知的労働に必要なイメージをもたらす、創造性の重要な源泉でもあるのです。つまり、すぐれた身体感覚なくしては、すぐれたアイデアも生まれない。このパラダイムシフトは、無意識も含めた身体感覚を、どう活性化していくかというチャレンジでもあるのです。

第5章

メンタル＆ヘルスハック

コンディションを維持し、最高のパフォーマンスを発揮する

62 リングフィットで運動不足を解消する

在宅勤務の問題のひとつに、運動不足があります。仕事に熱中していると、ついついそのまま何時間もイスに座りっぱなし。通勤もないので外に出ることがなくなり、運動する機会を失ってしまいます。東京で過ごしていると、通勤や移動だけでも一万歩を歩いているこどもありますが、在宅勤務になると、ひどい日には千歩しか歩いていないなんてことも起こりえます。

こうした運動不足を解消しようと、Nintendo Switch のフィットボクシングを始めたのですが、これがなかなかいい運動になります。フィットネスクラブのボクシングエクササイズのように、リズムに合わせてパンチを繰り出します。30分もやっていると汗だくになる。翌日にはちょっとした筋肉痛にもなる。それくらいの運動量があります。

それから、大人気で発売からしばらく品薄になっていた**リングフィット アドベンチャー**。こちらは、さらにゲーム的な要素が加わり、子どもから大人まで楽しめるものになりました。敵を倒したり、ボートを漕いで進んだりと、運動を運動と感じさせない工夫が随所に施されています。子どもたちと一緒にゲームをやっていると同じ話題もでき、家族間のコミュニケーションも増えます。

新型コロナウイルスによる休校措置のときにも、リングフィットがあるおかげで、子どもたちが運動不足になることがありませんでした。筋力トレーニングだけではなく、バランスを整えたり、体幹を鍛えたりするゲームも多く、スポーツの基礎トレーニングとしてもいいのではないかと思っています。

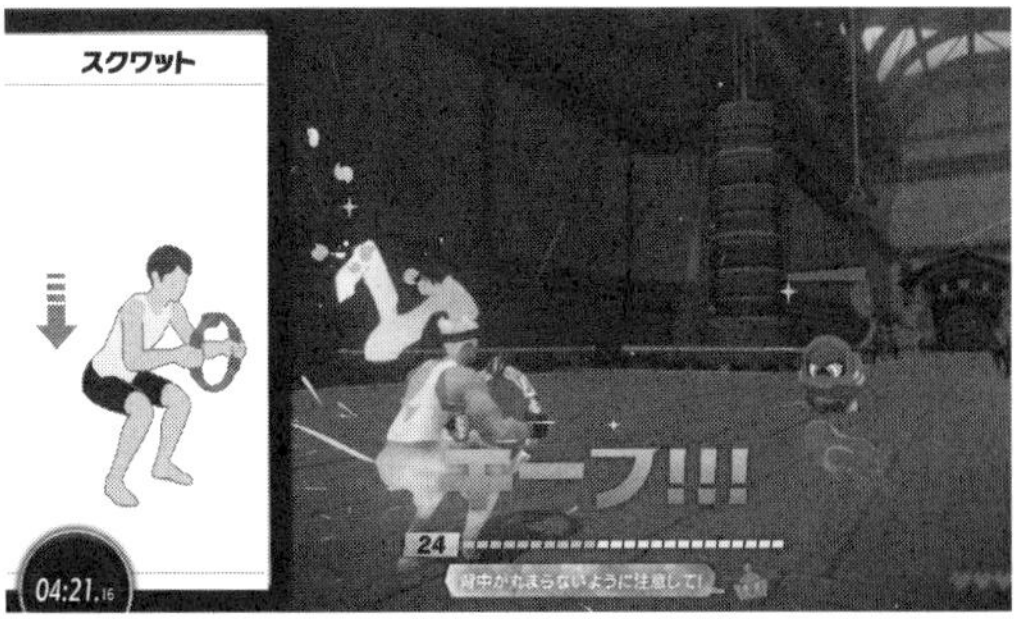

任天堂「リングフィット アドベンチャー」©2019 Nintendo

63

考えごとをするときには早足で歩く

ただ、せっかくの在宅勤務なので、健康に気をつけることはもちろん、それを仕事のパフォーマンスにもつなげてみたいところです。たとえば、仕事が煮詰まったときに散歩をすると、健康を維持しながら、同時に頭もスッキリして、仕事にも効果が上がります。

このとき、歩き方にもコツがあります。**はや歩きくらいのスピードで歩く**のです。ある研究によれば、脳への刺激は、実は運動による神経的なものではなく、地面を踏みしめるときの物理的衝撃が効いているのだということです。実験では、軽いジョギングでおこる1G程度の衝撃での効果が、動物実験で証明されています。静かに歩くのではなく、元気よく大地を踏みしめながら歩くとよさそうです。[17]

すでに第4章の「情報整理ハック」でも触れたように、イヤホンで情報インプットをしながらの散歩もいいでしょう。私は、YouTubeやTEDにアップされている講演動画などを聞き流しながら歩いています。散歩だけだと退屈してしまいますが。耳から受け取る

情報の刺激もあって、さらにアイデアを発想することができます。

現実の世界は、映画『マトリックス』の世界のように、脳の中の妄想だけで成り立っているのではありません。当たり前ですが、人間は身体を持った、心身が相関する生物です。身体的な動きの中で生命活動が活発化し、それに伴って発想ができるようになる、動物的な側面を持っているわけです。

体を健康に保ちながら、そのことによって頭も働く。在宅勤

17「軽いジョギングが脳機能を調節・維持、頭への適度な衝撃が効果 国立リハビリ研など発見」、https://scienceportal.jst.go.jp/news/newsflash_review/newsflash/2020/02/20200206_01.html、Science Portal、2020 年。

務では、そうした心身の関係により一層注意を払う必要があります。

64 在宅勤務に瞑想ワークスタイルを取り入れる

Googleなどの IT企業が**マインドフルネス**に取り組んでいる話をよく聞くようになりました。マインドフルネスとは瞑想のようなもので、雑念を取り払って「今ここ」に集中するための方法です。有名なところでは、スティーブ・ジョブズが座禅にはまっていたという話もあります。

ITのような最先端で動きの速い業界や、経営者という絶えずプレッシャーに晒されるような人たちが、自分をどうやってクリエイティブな状態に保つのか。そのヒントがマインドフルネスにあるようです。

在宅勤務は周りに人がいないということもあって、瞑想をするのもかんたんです。瞑想の基本は呼吸法です。まずはしっかりと肺の中にある空気を吐き出して、そこからゆっく

り息を吸い込む。Apple Watchの機能にも「呼吸アプリ」があり、定期的に深呼吸を促してくれます。もし不安なことや心配事があれば、呼吸から整えてみるといいでしょう。

在宅勤務というのは、こうしてどんどん瞑想のようになっていきます。オフィスでの仕事のように、流れ作業のような仕事の仕方ではなくなります。自分と向き合い、自分の頭の中に浮かんできたイメージを広げ、それをアウトプットする。在宅勤務は、座禅なのです。そのワークスタイルを先取りしているGoogleなどの先進企業がマインドフルネスに着目するのも、当然なのです。

心が落ち着き、頭の中で広がるイメージがどんどん実現する**瞑想ワークスタイル**。これをいち早く実践できるのが在宅勤務です。従来では考えられなかったような創造性の最先端が、ここにあるのです。

65 在宅勤務の食事問題を解決するヒント

在宅勤務していると出不精になって、コンビニ弁当で済ませてしまったり、食が貧しくなる傾向があります。

これは私の場合ですが、食にまったくこだわりがないので、3食すべてコーンフレークで済ませてしまったこともありました。栄養の五角形がすべて満たされる完全食ともいえるコーンフレークは、確かに朝食にはよいのですが、夕食までそれで済ませてしまうと、ちょっと寂しいものがあります。

どうしても貧弱になりがちな在宅勤務の食事問題、どうすれば解決するでしょうか。気分転換のために外食をするのも、もちろんよいでしょう。しかし毎回毎回外食だと、当然栄養バランスや塩分の取りすぎなどに気をつけなければならなくなります。ここでは、家で調理をしながら、贅沢に感じられる食事を考えてみたいと思います。

おすすめは、**器を変える**こと。コンビニのお惣菜やお弁当でも、おしゃれな器によそうとたんにおいしく見えてきます。ひと手間かけるだけで、食事が豊かになります。

器を変えれば「家メシ」は魅力的になる

私自身、自由が丘で沖縄の焼き物、いわゆる「やちむん」を専門に取り扱うお店「ニライカナイ自由が丘」を運営しています。さまざまな種類のやちむんがあり、その器のデザインによって、乗せられる料理の雰囲気がまったく変わります。

お店をやっていることもあって、Instagram も定期的にチェックしています。「#やちむん」で検索すると、やちむんを使った食事の盛り合わせを撮影した写真がたくさんあがってきます。食事の内容が変わらなくても、器を変えるだけでとてもおいしそうに見えるから不思議です。
食事をエンターテインメントとして考えた場合、器による演出もおすすめです。

66「血糖値スパイク」を回避する

これは在宅勤務に限らないのですが、仕事をする上で気をつけたいのが、食後の血糖値。食事をとった後には、必ず血糖値が上がります。この血糖値の動きが集中力にも影響するらしいのです。

そう聞いて、センサーで2週間ほど測ってみました。これまでは、血糖値を計測するにはそのつど血液を採取しなければいけなかったのですが、最近では、FreeStyle リブレという2週間つけっぱなしでリアルタイム測定してくれるセンサーもあります。それをつけて計測してみたのです。そうしたら、い

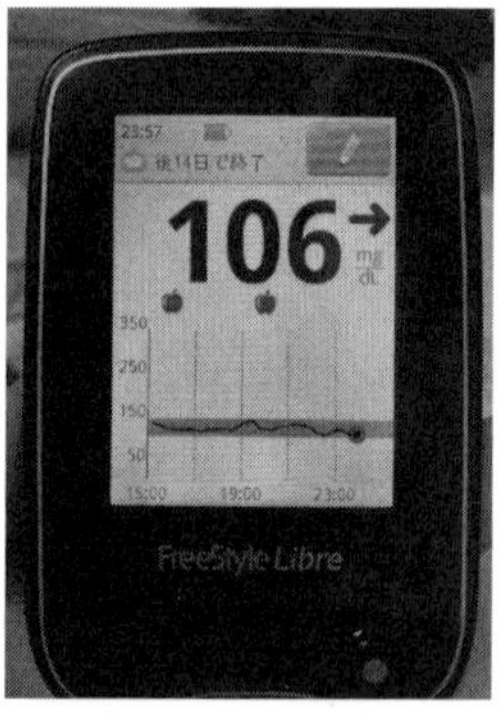

FreeStyle リブレは血糖値をグラフ表示してくれる

血糖値スパイク

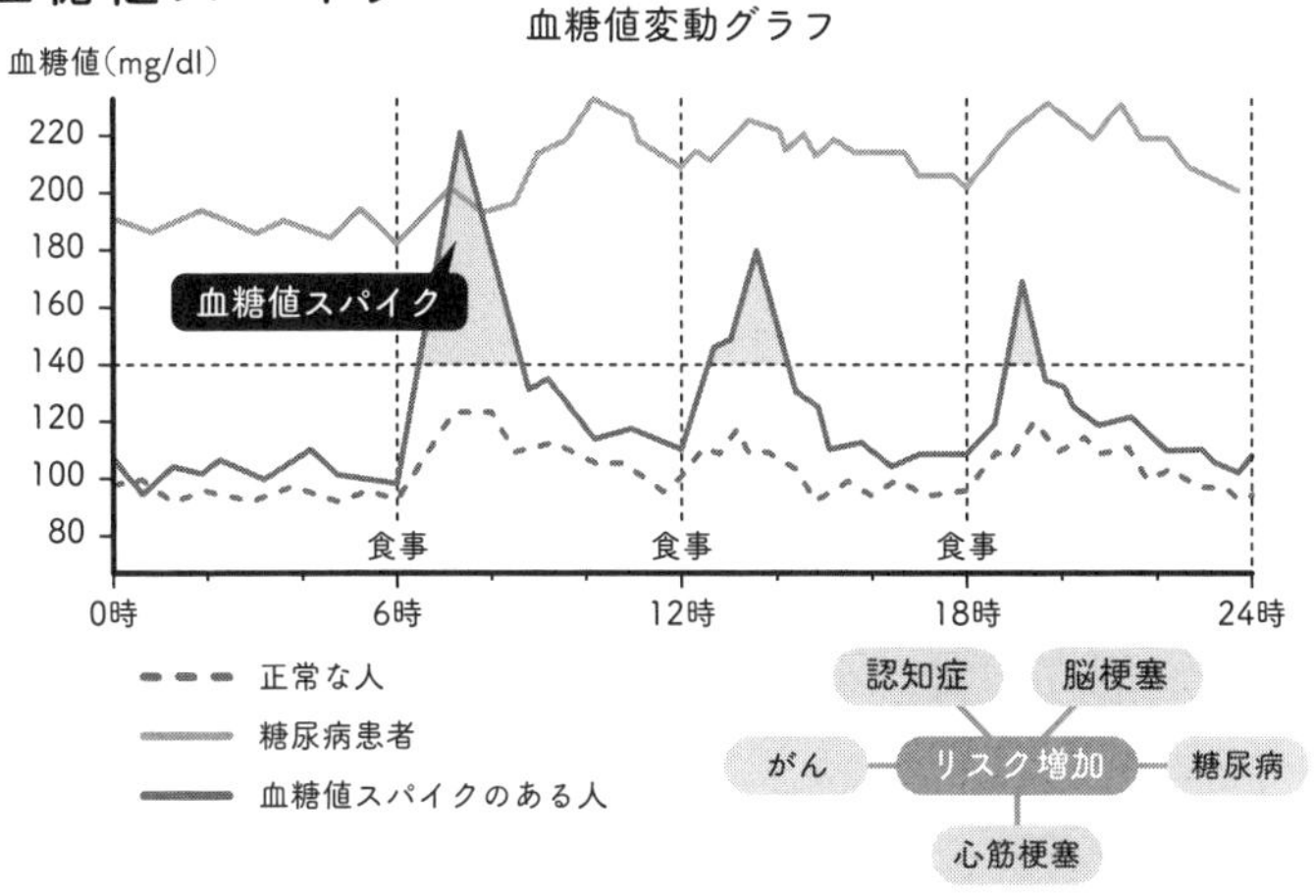

出所:「『血糖値は大丈夫』な人も要注意。"血糖値スパイク"のリスクと対処法」https://shiruto.jp/life/1143/

ろいろなことがわかってきました。

一番驚いたのが、和菓子。朝食がわりに桜餅を食べたところ、110だった血糖値が150まで急激に上がりました。小さな餅が、昼食や夕食よりも大きな変化をもたらすとは……。確かに桜餅は、あんこという糖質の塊を、炭水化物の餅で包むという、血糖値が上がる要素がたっぷり含まれています。よく考えれば当たり前のことです。

そしてその急上昇のあと、しばらくして血糖値がまたガクンと下がりました。インシュリン分泌による効果です。急上昇した血糖値を正常に戻すために、膵臓がフル稼働したのです。

このような血糖値の急激な上昇とその反動による急降下を、**血糖値スパイク**と呼びます。血糖値が急上昇し、それを調整するためにインシュリンが大量分泌されて血糖値が下がる。インシュリンを分泌する膵臓が酷使されることで機能低下を招き、糖尿病はもちろん、心筋梗塞や認知症にもなりやすくなると言われています。また、インシュリンが分泌されすぎて低血糖を招き、眠気を誘うこともあり、食事後の眠気の原因のひとつが、この血糖値スパイクだとも言われています。

確かに体験的にも、炭水化物などの糖質を急激にとると体がだるくなって、仕事への集中力を失います。そのことを、血糖値を実際に測ることによって、リアルに実感しました。そしてできるだけ血糖値スパイクが起こらないような食事を意識するようになりました。

まず、糖質の多い食事を避けるというのはもちろん当然のことながら、食べる順番にも気をつけたほうが良いとのこと。最初に野菜から食べ、そこからメインディッシュである魚や肉、最後にご飯という順番だと、この血糖値スパイクが起こりにくいそうです[18]。

18「食後の急な眠気の原因は血糖値スパイク？　予防に効果的な食事法４選」、https://www.yomeishu.co.jp/health/3800/、養命酒ホームページ、2019年。

67 最強のおやつは海苔

在宅勤務で血糖値スパイクを起こす原因のひとつに、おやつがあります。ストレスからついついおやつをパクパク食べてしまうという話もよく聞きます。すぐ手に届くところにお菓子があれば、手が伸びてしまうのもしょうがないでしょう。カロリーが高かったり、糖質のたっぷり入ったお菓子を食べ続けると、当然体に悪い。ストレス発散用のおやつの選択にも、注意をしておきたいところです。

こればかりは人の好みもあるので、おすすめということではないのですが、うちの子どもたちは海苔が大好きで、おやつがわりに食べる習慣があり、私もそれにならって海苔を食べたりします。健康面には問題ないどころか、海藻類を摂取できるので、体にはよいくらいです。カロリーも少なく、太る心配もありません。

最近ではコンビニにも健康に良いおやつがたくさん並んでいます。特にナチュラルローソンはそうした品揃えに力を入れているように思います。サラダチキンのように糖質が低く、タンパク質の多いお腹いっぱいになるものもあります。サラダチキンバーのように小さく食べやすいものを冷蔵庫にストックしておくのもいいでしょう。

ストレスから、おやつを食べ過ぎてしまうことを想定して、仮に食べ過ぎても問題のないようなものを用意しておくことが重要です。

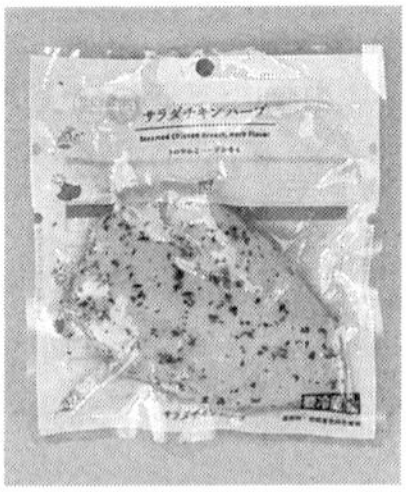
ローソン「サラダチキン」

68 睡眠は量ではなく質を把握する

食事以上に重要なのは、睡眠です。真面目な人ほど仕事時間が延び、睡眠時間を削っていくことになってしまいます。そうすると翌日まで疲れが残ってしまい、集中して仕事ができなくなってしまうという悪循環に陥ってしまうのです。

睡眠中の脳も、無意識のうちに働いています。仕事で気になるところや悩みがあったとしても、そうした無意識の働きに任せて、しっかり休んだほうが得策です。

睡眠の質を高めるためには、さまざまな工夫があります。枕ひとつとっても奥深く、たとえば「まくら工房」というサービスなどもあります。その人の体型に合わせた枕がカスタマイズできるサービスなどもあります。私もひとつ購入してみましたが、確かに自分の体型に合わせてカスタマイズされた枕はぴったりきます。また、かなり高かったのですが、思い切って購入したTEMPUR®のマットレスには、本当に助けられています。体に合わせて形が変わるので背骨に無理な力がかからず、寝起きも爽やかです。

また、眠りの質を測るために、**Withings Sleep**という睡眠センサーを使っています。これは、マットレスの下に敷いて、圧力センサーと音声で睡眠の質を計測するものです。睡眠時間、睡眠の深さ、夜中起きた回数、寝るまでにかかった時間などを計測してくれます。睡眠という無意識

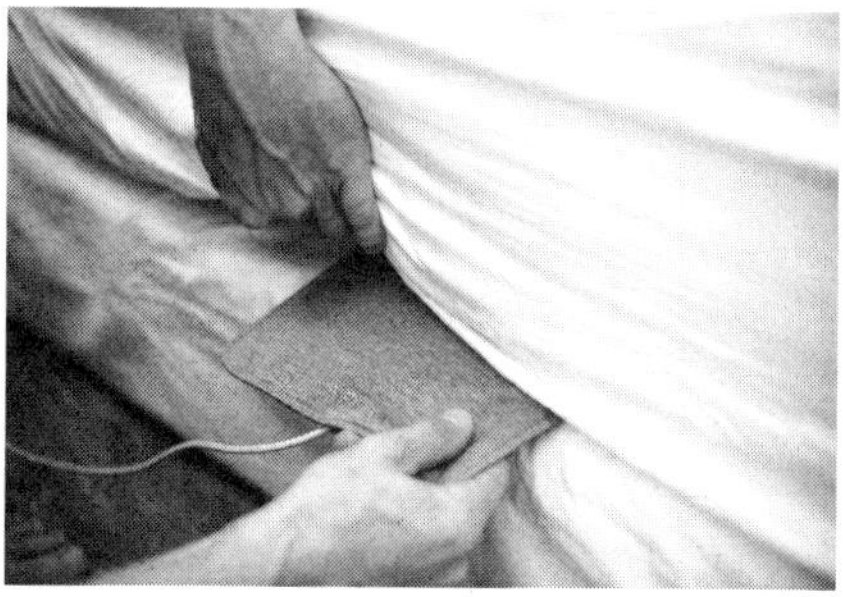

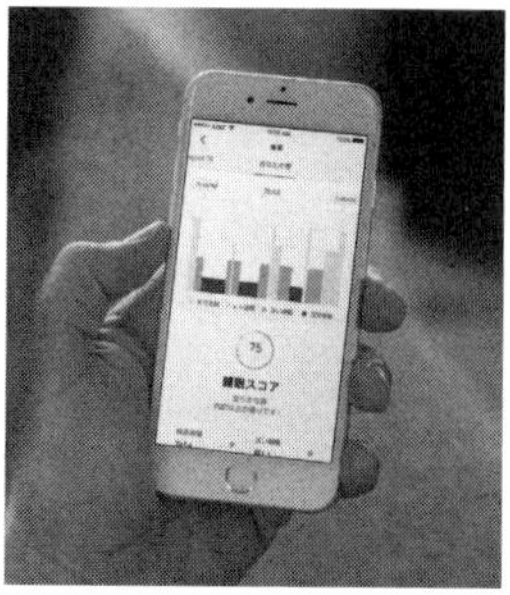

Withings「Withings Sleep」

の状態での行動の記録は、自分が意識していないような気づきをもたらしてくれます。

69 20分の昼寝で集中力を回復する

在宅勤務で一番罪悪感を感じる行為といえば、**昼寝**でしょう。オフィスではさすがに仕事中に居眠りをすることはできません。しかし在宅勤務であれば、疲れたまま仕事を続けるよりも、軽く昼寝をして仕事のパフォーマンスを上げるという選択ができます。合理的な判断であるにもかかわらず、周りの目が気になってできないという、オフィス勤務の非合理性が端的に表われる場面です。

こうした昼寝を**パワーナップ**と呼びます。集中力を回復させるための前向きな昼寝であり、サボっているわけではありません。昼寝の後にすぐに集中状態に入れるように、パワーナップに入る直前にコーヒーを飲むのもよいでしょう。ちょうどパワーナップが終わる頃にカフェインが効いてきて、ぱっちり目を覚ますことができます。

昼寝に関するさまざまな研究から、30分以内の昼寝が推奨されています。あまり長く寝てしまうと、起きたときにしばらくぼーっとしてしまいますし、夜眠れなくなります。30分以内であればそうしたこともありません。私は、だいたい20分くらいを目安に休むことが多いです。

この昼寝におすすめのグッズが、TEMPUR®のアイマスク「スリープマスク」です。体圧分散素材の枕やマットレスで有名なTEMPUR®が作ったマスクで、つけ心地は最高です。

目の疲れをもっと取りたいという人には、花王の「めぐりズム 蒸気でホットアイマスク」もおすすめです。寝る前でもいいですが、実は昼寝のときに使っても、効果的です。

アイマスクは、オフィスでは絶対に使えないという人も

TEMPUR®「スリープマスク」

花王「めぐりズム 蒸気でホットアイマスク」

多いと思います。こうしたグッズを使っていると、在宅勤務のありがたさを実感します。

70 首の疲れを甘く見ない

ずっとイスに座って仕事をしていると、腰の疲れもさることながら、肩や首の疲れが溜まっていきます。人によっては、ヘッドレストのあるイスを使って首の疲れを軽減している人もいます。私も、アーロンチェアにヘッドレストをつけています。これがあるのとないのとでは、首の疲れ方が雲泥の差です。

ただ、ヘッドレストのないイスを使っている人も多いと思います。その場合おすすめなのが、首に巻くタイプの**ネックレスト**。出張の移動のときなどに使っていたものを、仕事をしているときにも巻いてみたら、頭の重さがいい具合に分散できて、疲労が軽減できました。特に夕方以降、首

村中医療器「カルデラ Releaf」

や肩が疲れてくるタイミングで巻くと効果を実感できます。

おすすめは、カルデラのReleafというもので、低反発のクッションを首に巻くタイプ。ビーズが入っているタイプのものに比べ、作りがしっかりしており、首をしっかりとガードしてくれます。使ってみるとわかりますが、頭を支える感じが、ほかのネックレストとはまったく違います。むち打ち症などでつけるような首サポーターのような感覚で使えます。

71 10分休憩をこまめに取る

Zoomを使った打ち合わせを連続して入れていると、それこそトイレに行く暇もないくらいに仕事が続いていきます。1人の作業であれば適宜休憩を取れば良いのですが、打ち合わせだと休憩もなくなってしまいます。できる限り、5分から10分程度のこまめな休憩を取るようにするとよいでしょう。

こうした短い休憩をスケジュールに組み込むことはなかなか面倒です。なので、それぞ

72 自分だけの回復魔法を持つ

れの**予定の前後の空き時間を意識的に作る**ようにします。たとえば打ち合わせのとき、30分の予定をまるまる使うのではなく、25分くらいで切り上げて休憩を取るようにするわけです。

普段のオフィスでは意識しなくてもこうした休憩を取っています。会議室への移動のタイミングや、トイレに行くついでなど、目に見えない休憩時間があります。ところが在宅勤務だと、部屋に閉じこもりきりになってしまい、案外そうしたすきま時間の休憩が取れなかったりします。

10分休憩のためのグッズも用意しておきます。たとえば水分の補給も、地味ながら重要です。暑い日などは、ペットボトルを机に置いて、水分補給をするようにしましょう。

結局、休みなく長時間働き続けるよりも、こうした休憩を取りながらのほうが、成果も上がります。

どうしても疲れるときには、**自分だけの回復魔法**を持っておくことも重要です。たとえばタピオカジュースを飲むとか、好きな映画を観るとか、何か自分の元気が出るような、とっておきのご褒美を用意しておくとよいでしょう。いろいろなストレスから逃れたいときにこうしたご褒美を活用するのです。

お笑い動画を観て笑顔になるというのも、ひとつです。人は楽しいときには笑顔になります。では、楽しくもないときに笑顔をしたらどうなるか。心理学の実験によると、笑顔を作っただけで人は楽しい気分になるというのです。つまり、大切なのは形から入るということ。お笑い動画を観てふと笑顔になると、その表情をしたことがまた原因となって、楽しい気分につながっていくのです。

その意味で、この回復魔法というのは**自己成就**的です。自己成就とは予言にまつわる表現としてよく使われます。予言の自己成就といえば、たとえば予言を聞いた人が、無意識のうちにその予言が実現するように行動することで、結果的に予言が実現してしまう現象をさします。これはよい予言も悪い予言も同じだそうです。だから、よく「よい予言だけを信じる」という人がいますが、これはある意味正しい態度でもあるのです。そして、この回復魔法もまた、「回復するのだ」と思い込むことによって、自己成就の魔法として機能するのです。

73 複数の仕事を回してスランプを回避する

誰にでもスランプがあります。スランプに陥ったときに、仕事がひとつだけだと、そのスランプに真っ正面に向き合わなくてはならず、どんどん気分が落ち込みます。落ち込むとさらに成果が出なくなる。こういうのを悪循環といいます。悪循環には、その言葉通り「循環」が組み込まれており、負のスパイラルがずっと回っています。その負のスパイラルをどこかで断ち切らないといけないわけです。

おすすめは、複数の仕事を行う兼業ワークスタイル。さまざまな仕事を同時並行で行っていると、スランプを乗り越えやすくなります。ひとつはスランプでも、他の仕事を進めることによってスランプをやり過ごすことができるからです。

私の場合、博士論文の執筆の負担が重く、常にスランプと言ってもいい状態で、ずっと頭を悩ませています。しかし同じ執筆であっても、この本のようなライフハック系の内容であれば、すらすら書くことができます。仕事の企画書も手慣れたものです。博士論文に行き詰まったときには、ライフハック系の文章や仕事の企画書を書くことで、ペースを取り戻すようにしています。

これは別の言い方をすれば、**「現実逃避力」**とも言えます。Aという仕事でつまずいていると、Bというほかの仕事をやりたくなる。もともとBの仕事も気が進まなかったのに、Aというさらに大きな障害にぶつかったことで、その現実逃避としてBという仕事が進んでいってしまうというわけです。複数の仕事を進めていると、こうした現実逃避の結果としてのプロジェクトの進行という場面に、何度も出くわすことがあります。

こうしたいい意味での現実逃避力を発揮するためにも、複数のプロジェクトに関わっていくやり方がいいのです。

74 旅をしながら働くワーケーション

最近は、旅をしながら働く**ワーケーション**という新しい働き方が提唱されています。ワークとバケーションを組み合わせたこの言葉は、これまでのように仕事を閉鎖空間で行うイメージではない、開放的な新しい時代の空気をまとっています。

在宅勤務ができるのであれば、実は働く場所が自宅であっても外出先であっても違いはありません。そうであれば各地を旅しながら働くということも可能になるはずです。海外のスーパーエンジニアなどは、世界各国を渡り歩きながら、さまざまなプロジェクトに参画している人が珍しくありません。

たとえば、文豪が老舗旅館にこもって執筆をするように、私も温泉旅館で本を書き上げたことがあります。冬でも暖かい沖縄で、仕事のアイデアを練ったこともあります。インターネットとパソコンさえあれば、実は自宅と同じように仕事ができることに気づいたら、あとは「みんながオフィス街で仕事しているのにこんな場所で申し訳ない」という後ろめたさを吹っ切ることです。自宅に閉じこもって仕事をするくらいなら、快適な環境で成果を出す。それは、エゴでもなんでもないのです。

こうした働き方に対応したサービスが、いろいろなところで立ち上がっています。そうしたサービスのひとつが、**九州アイランドワーク（KIW）**。ＫＩＷは九州各地にさまざまなワークプレイスを展開しています。場所によっては廃校だったり、旅館の遊休スペースだったり、古民家だったり、さまざまです。こうしたワー

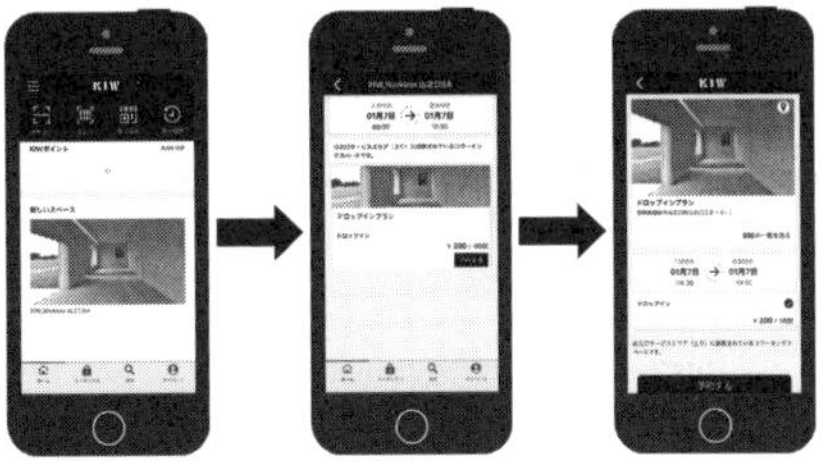

九州アイランドワーク（KIW）
https://www.kyushu-island.jp/work/

クプレイスを、毎月定額を払うと使い放題になるのです。最終的には350カ所以上のワークプレイスを展開する予定だそうです。

ほかにも、定額の住み放題・多拠点生活プラットフォームの**ADDress**もワーケーションにぴったりです。全国各地にあるADDressに登録された場所に、一定期間住むことができるものです。その場所が飽きたら、次

ADDress（上：鎌倉、下：清里）
https://address.love

の場所に移る。全日空と協業して飛行機代も定額にするオプションも組み込んでおり、新しい時代のライフスタイル、ワークスタイルを引っ張っていくサービスであることは間違いないでしょう。

75 孤独を乗り越えるコツ

ここまで運動不足や食事の問題などを中心に健康問題を扱ってきましたが、一番深刻なのが**孤独の問題**です。自宅でひとりで仕事をしていると、当然孤独になります。そこに仕事上のトラブルやストレスなどが重なっていくとどうなるでしょう。周りに気軽に相談できる人もいない。気楽であったはずの在宅勤務が辛いものに変わっていってしまいます。

在宅勤務を始めた人の多くが、最初はこうした孤独に悩まされていたようです。どうすればこういった孤独を乗り越えられるでしょうか。

在宅勤務で孤独になる人とそうでない人の違いは、ひとつは趣味を持っているかどうかということもありそうです。在宅勤務になって時間が自由に使えるということになれば、趣味の時間も捻出することができます。

私は趣味でギターをやっているのですが、ギターの先生とのマンツーマンレッスンは、平日の昼間にオンラインで行っています。会社に勤めていないからこそ、こうしたこともできます。今は年に1、2回のライブに向けて練習を重ねています。

将来定年退職を迎えた後、毎日が日曜日という状態になります。そうしたときに急に趣味を始めたとしても、取り組める趣味の範囲が限られます。音楽などは、それなりの練習が必要で、定年後に急に始めたとしてもなかなか続かない可能性もあるでしょう。こうした将来を見据えて趣味を増やしておくことも重要なのです。

こうした趣味は、仕事にも好循環をもたらします。

ひとつは、人脈です。趣味という利害関係のない付き合いの中から、いろいろな仕事のチャンスも巡ってきます。私自身、文化庁の「日本遺産」というプロジェクトに関わることになったのは、能のお稽古の仲間からの紹介でした。初めて会う人とも、趣味の話で盛り上がると、ぐっと距離が近づきます。

もうひとつは、活躍のフィールドが広がるという利点です。「日本遺産」のプロジェクトに関わったことをきっかけに、「文化財を活用した地域活性化」というテーマで研究することになり、京都造形芸術大学（現 京都芸術大学）の博士課程に進学しました。そうやって研究していると、今度は地域の人々の創造性をどう引き出すかというテーマが浮かび上がってきて、それが今の本業であるイノベーション・コンサルティングともつながっていきました。

同じ一人の人間が興味を持つことなので、根底ではテーマ同士の深いつながりがあり、それが見えてくると、相乗効果で研究と実践が進んでいきます。趣味が仕事につながるのです。

このように、「たかが趣味」と言えないような展開を見せることがあるのです。これからの働き方は、仕事と趣味の境界がどんどんなくなっていくのだろうと思います。

こうして、在宅勤務での孤独を、むしろ新しい出会いの機会として活用する。そのひとつが趣味の世界なのです。

76 親睦を深めるZoom飲み会

最近では**Zoomを使った飲み会**なども流行っています。各自が部屋にお酒と食事を用意してZoomをつなぎます。お酒を飲みながらざっくばらんに雑談をするだけなんですが、私もやってみたところ、なかなか臨場感があって面白いです。意外と距離感を感じません。

Zoom飲み会のいいところは、自宅でできるのでわざわざ出かける手間もありませんし、料金も安い点です。呼びかけて時間が空いている人がさっと参加する、気軽な感じで開催できるのもメリットです。終電も気にせず、単なる飲み会だけでなく、スポーツバーのように、日本代表のサッカーの試合を見ながらやってもいいですし、桜や花火の映像でもいいでしょう。動画や映画などの同じコンテンツを見ながらの飲み会も、盛り上がります。

またZoom飲み会の場合、**思いも寄らないメンバーが集まる偶然性**も楽しめます。リアルな飲み会だと、誰を呼ぶのかというのは結構、気を使います。知らない人同士を紹介するときには、それなりに相性などを考えたりするでしょう。しかしZoom飲み会は、参加のハードルが低いので、そこまで気を使わずに実施できます。

一度、Facebookでオープンに募集したところ、みな私とはつながっているものの、全員がほぼ初対面という飲み会になりました。それでも、共通の興味関心がすぐ見つかって、あっという間に打ち解けて、飲み会も盛り上がりました。参加場所も、仙台、丹波篠山、川崎、東京などバラバラで、ネットのすごさを感じました。

リアルであれば絶対に出会わない人と出会う、こうしたZoom飲み会は、これからの新しい人脈づくりのかたちを示していますし、新しいコミュニティの可能性を示していると思います。

夜の11時からスタートしたZoom飲み会の様子

77 身体と思考

心身相関という問題は、医療の現場でもよく言われるようになってきました。日本の昔からの諺で言えば、「病は気から」ということになります。

これまで触れてきたように、在宅勤務において成果が可視化され評価されることによって、大切な身体のあり方は置き去りにされてしまいました。従来、心身相関の問題については、「心の状態が体の健康に影響する」ということが強調されてきましたが、在宅勤務においては、「体の健康が心の状態に影響を及ぼす」ということを強く意識する必要があります。

イスに座ってずっと仕事をしていると、まず健康を害していきます。長時間働くことによって睡眠時間が削られていくと、さらにそれは悪化していきます。そうした状態が、心にも悪影響を及ぼしていくのです。在宅勤務における孤独という問題は、ただ同僚がいなくて寂しいというだけでなく、体の存在がこうして忘れ去られていくことへの警告と考えてもいいと思います。

身体というのは知的生産にとって不要なものなのでしょうか。すでに第4章の「情報整理ハック」でも見てきたように、アイデアというのはその背後にあるイメージが重要であり、文章ひとつ書くにしても、イメージができていないと書くことができません。そしてそのイメージの源泉というのは、私たちの無意識を含めた意識全体であり、その意識というものは私たちの身体に備わるさまざまな感覚から生まれています。

触れる、覗く、叩く、といった行動を伴った表現を使うとき、私たちはそのことを身体的にイメージしています。感動することを「琴線に触れる」といいますが、この言葉は読まれると同時に触れられ、また同時に聞かれもしています。こうした表現ひとつひとつの背後に、濃厚な身体感覚が潜んでいるのです。

仕事のパフォーマンスというのは、究極的には身体のパフォーマンスでもあるのです。

身体感覚をなおざりにした状態で、優れたアウトプットを出し続けるということは不可能です。身体が整って初めて心が整い、そして仕事にも取り組めるようになる。ヘルスケア、メンタルヘルスケアは、在宅勤務の土台にもなる大切な要素なのです。

在宅勤務というのは、単に働き場所を変えるだけにとどまりません。自分の〈居場所〉を変えることであり、そのことはすなわち、誰のため、何のために働くのかという考え方の転換を求められます。

ひとつの会社のためにというよりも、ひとつの業界のために。ひとつの業界のためにというよりも、ひとつの社会のために。ひとつの社会のためにというよりも、世界のために。自分のいる立ち位置を、より広い場所へと位置づけていく。そのきっかけが在宅勤務なのです。

そういう視点から考えると、在宅勤務はキャリアの大きな転換につながっていく。そのことを書いてみました。

第6章

副業ハック

自分の可能性を広げ、新しい収入源を得る

78 情報発信で自分ブランドを作る

在宅勤務というのは、会社との付き合い方も変えていきます。これまでは会社という物理的な施設の中で、まるでシェルターにいるかのように守られていました。疑似家族として社員を捉える日本的な経営も、「同じ釜の飯を食う」ではないですが、こうした同じ場所で働くという物理的なイメージに支えられてきました。

在宅勤務になるということは、そうした呪縛から物理的に解き放たれるということになります。そこでは、疑似血縁でのつながりではなく、別のつながりの中で新しい関係を作っていくことになります。すなわち、**お互いに自立し、対等な関係**。たとえば大学における大学教授や、医師、弁護士、またプロスポーツ選手やタレントなど、個人事業主といってもいい独立したプロフェッショナルとして企業と付き合っていく関係性です。

その意味で、ジャニーズ事務所からの元SMAPの3人の独立や、吉本興業の闇営業問題などで、所属会社とタレントの関係が見直されてきたのも、偶然とはいえ、こうした時代の流れを受けているのかもしれません。YouTubeなどを使えば、タレントも会社に依存することなく、大きな収益を上げられる時代になりました。つまり、物理的な働く場所の変更にとどまらない、所属そのものの見直しが今まさに起きているのです。

こうした状況の中で、会社員も情報発信のやり方を考え直す時期が来たのではないかと思っています。それぞれ専門性を持って、プロフェッショナルとしての矜持を持って仕事に取り組む。そのとき、その人の専門性は、その人が日ごろどんなアウトプットをしているかというところで測られます。大学教授であれば研究論文ですし、医師は臨床に伴う事例発表、プロスポーツ選手も試合でのパフォーマンスだけでなく普段からの振る舞いも注目されます。会社の中での成果にとどまらない自己表現をしていくためにも、**プロフェッショナルとしての情報発信を手掛けていく**べきだと思っています。

情報発信をするとなると、事前に構成を考えたり、調べ物もしたりしておかなければなりません。つまりアウトプットするためにインプットが必要になります。自分をメディア化することによって、今まで気にもとめていなかったことに気づき、違和感を見過ごすことがなくなり、感性が鋭敏になっていく。YouTubeやブログなどの自分メディアを持つというのは、自分自身をメディア的な身体に組み換えていくことでもあるのです。

そしてそのメディアが、自分と一心同体となり、最終的に自分のブランドになるのです。

79 5G時代を見据えYouTuberデビューする

私自身もこれを機会に、自宅をYouTube動画の撮影スタジオに改変し、動画配信を行うようにしました。

インフラの充実も、こうした動画配信を後押ししています。2020年ではまだ都心部しか開通しない5Gですが、今後は地方にもネットワークが広がっていくでしょう。そのときに重要なのは、5Gの特徴である高速通信や低遅延ということもさることながら、動画視聴のネックとなっている通信の従量課金がなくなり、ネットが使い放題の定額課金が実現することです。

私自身、その状況を先に体験しようと、auのネット使い放題のプラン「auデータMAXプラン」に入りました。入ってみると、それまで動画を見るときに感じていたデータ量が減る怖さがなくなり、いつでもどこでも動画を流しっぱなしで見るようになりました。出張の移動中は、新幹線の中でデータ量を気にすることなく映画を観たり、散歩に行くときにはYouTubeの動画を流しっぱなしにしながら歩いたり、とにかく動画との付き

合い方ががらりと変わりました。

誰もがこうした動画視聴をする時代が、もうすぐそこまで来ています。

新型コロナウイルスは、こうした動画視聴の普及を強く推し進めることになりました。テレビ番組は、人の集まる収録ができなくなり、多くの番組が再放送や過去のVTRの編集などでその場をしのがないといけなくなりました。一方、YouTuberは、少人数での収録のため問題なく新作を出し続けました。オフィス勤務から在宅勤務へのシフトが起こったように、メディアにおいても**マスメディアから個人メディアへのシフト**が起こりつつあります。

80 自宅のYouTubeスタジオ化に必要な機材

YouTubeですが、ホリエモンチャンネルなどは、おそらくマネージャーが手持ちでスマホ撮影したものをそのまま投稿していたり、ほとんどお金もかけず、大した機材も使っていないようです。そうしたスタイルで投稿することも可能です。

ただ、せっかく動画を配信するのであれば、少しこだわった映像を届けたいところです。ご参考までに、私の自宅スタジオの設備を紹介したいと思います。

まずカメラ。ウェブカメラを使って配信してもいいのですが、どうしても画質は望めません。私は、ミラーレスカメラ（SONY α6600）での映像を配信するようにしています。そのままではパソコンにつながらないので、ATEM Miniというスイッチャーを介して動画を取り込んでいます。

ATEM Miniはすぐれもので、一般のテレビやビデオレコーダーで使われているHDMI経由で、最大4つの動画を取り込み、ボタンひとつで動画を切り替えることができます。また、ピクチャー・イン・ピクチャーと呼ばれる、画面のすみに別の画面を表示する機能や、画像を切り抜いて表示するクロマキー合成といった機能も持っています。

　このATEM Miniに、ミラーレスカメラ、全体を捉える広角の小型カメラ（SONY RX0)、プレゼンテーションを表示するためのMacbook、手書きメモなどを表示するためのiPad Proの4つをつないで、適宜切り替えながら動画を収録しています。

　ただ、今は

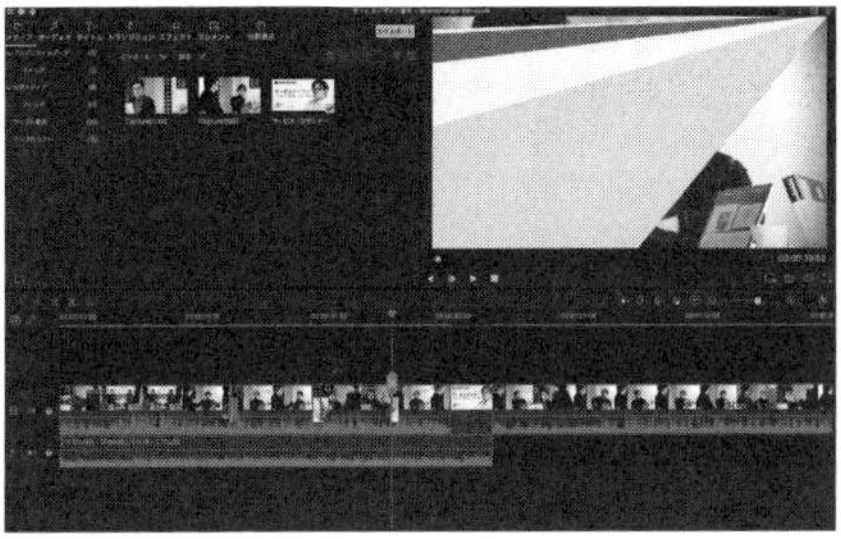
Wondershare Filmora9による編集作業

自宅スタジオ

スマホのカメラの性能が格段に向上しているので、スマホのカメラでも十分すぎるくらいの動画を収録できます。カメラよりもむしろ重要なのが、照明です。

天井についているシーリングライトは、目の下にクマのような影ができてしまい、不健康な感じに写ってしまいます。そうならないように、ＬＥＤ照明で照らすと、顔も明るく写って健康的に見えます。自撮り用の輪っか状のＬＥＤ照明も効果的です。

映像だけでなく、音声にもこだわっています。普通のマイクだとどうしても音が悪く、聞き取りづらくなってしまうため、コンデンサマイクで収録しています。コンデンサマイクは電源が必要になるため、ファンタム電源と呼ばれる電力の供給ができる音声ミキサーも使っています。こう

撮影に使用している SONY「α6600」

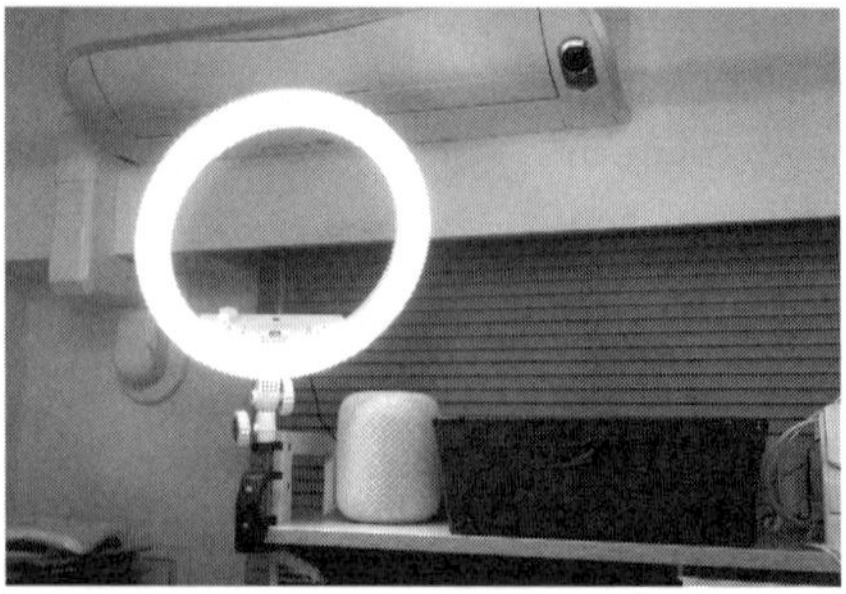

健康的な映像にするための LED 照明

なるとまるでラジオ局のようです。

撮影したあとには編集です。編集アプリはさまざま出ていますので、好きなものを使うといいでしょう。本格的にやるならAdobe Premiereですが、そのライト版のRushという手軽に動画編集できるアプリも便利です。私は、手軽にタイトルを入れたり映像の雰囲気を変えられるWondershare Filmora9というアプリを使っています。自分にあったアプリを選ぶといいでしょう。

81 noteでコンテンツをストックする

情報発信のメディアとしてもうひとつおすすめなのは、第3章「コミュニケーションハック」でもご紹介したnoteです。ブログに似たシステムですが、個別の記事に値段をつけて販売したり、マガジンという単位に記事をまとめて定期購読してもらう仕組みが整っています。コンテンツを配信するだけでなく、収益化する仕組みが充実しており、フリーランスや副業としてのメディア事業をスタートするのに、非常に便利です。

私がこの note を本格的に使い始めたのは、動画配信の配信先を探していたのがきっかけでした。

まず Vimeo という動画配信プラットフォームを使って、セミナー動画のサブスクリプション配信をスタートしました。月額1000円で、セミナー動画が見放題となるサービスです。

動画配信プラットフォーム Vimeo

note で動画や文章コンテンツを配信

少し遅れて同じ動画をnoteにも転載して配信し始めました。Vimeoは動画配信のみですが、noteは基本的にはテキストベースの記事が大半で、そのまま動画に加えて文章も配信するようにしたら、すっかりはまってしまいました。

noteで記事を書いていて感じるのは、雑誌のような感覚での情報発信です。定期購読してくれる人たちのために、毎月いろいろなコンテンツを提供するわけですが、その「月単位」という感覚が、まるで月刊誌のようなイメージなのです。

雑誌がそうであるように、noteで連載するマガジンもある程度の専門領域に絞り込んだ方がいいでしょう。ある程度の読者層をイメージしながら、読者が読みたいものを書いていく。と同時に、自分が書きたいもの、自分が書けるものという3つの領域が重なり合ったコンテンツを考えていく必要があります。

私の場合、専門領域の一つであるビジネスモデルについてのマガジンと、さきほど紹介した動画配信の、セミナーシリーズのマガジンのふたつを軸に展開しています。今後、もう一つの専門である地域活性化のための文化財活用についてのマガジンを計画しています。

82 個人のラジオ番組を配信する

音声配信も、最近はホットな領域です。第4章の「情報整理ハック」のところでも触れたように、日本においても音声でのインプットがニーズとして高まってきています。

映像に比べると必要な機材は格段に少なく、音声さえきれいに収録できればいいので、マイクさえあれば映像用のカメラも照明も不要です。収録したデータ容量も、音声であれば少なく、編集もかんたんです。

文章と比べても、コンテンツ作成の時間は短くて済みます。文章は入力だけでなく、推敲したり、校正したりと、案外手間がかかります。それよりも、さっと録音して配信するほうが、実は楽だったりします。

ラジオがそうであるように、音声のコンテンツはリス

Lightning ケーブルでピンマイクを iPhone に直接つなげる

ナーとの距離が短く感じられ、パーソナリティの魅力がより伝わりやすいものになります。

私はHimalayaというサービスを使っています。専用のスマホアプリで録音すれば、そのまま公開することができる手軽なサービスです。スマホのマイクでそのまま録音してもいいですが、できればピンマイクなどで録ったほうが音質はよくなります。iPhoneであれば、Lightningケーブルとして直接つなげることのできるピンマイクがあるので、それをつなげて録るといいでしょう。

83 在宅でできる人脈づくり

従来、人脈づくりといえば、直接人に会って会食をしたり、雑談をしたりという形で増やしていくものでした。しかし今や、人との接触や接点はSNSに移っています。私自身も、さきほどのセミナー動画配信サービスでの講演依頼などは、ほとんどがFacebookや

Twitter経由で行うようになっています。
そしてこうした時代においては、もはや自宅にいながらにして人脈を増やすことができてしまいます。
私は、臆することなくメッセージを送りますが、見ず知らずの人にいきなりメッセージを送るのも気がひけるのであれば、最初はFacebookやTwitterの投稿に対するコメントから始めてもいいでしょう。相手に自分のことを認識してもらえたタイミングでメッセージを送れば、ハードルも随分下がるでしょう。
ただし、今までとは異なるのが、問い合わせるときの自分もまた、**自分が何者であるかということをしっかり情報発信してお**

く必要があるということです。直接会わない分、あなたを知る情報源は、あなたの書いたブログや投稿だけになります。それを見ながら、相手を判断することになるわけですから、日ごろからのSNSでの情報発信が重要になるのは当然のことでしょう。

人脈を広げるばかりでなく、**既存の人脈を育てる**という視点も重要です。お互いの近況をフォローしあっておけば、数年ぶりに会ってもまるで頻繁に情報交換していたかのようにやり取りが始まります。一度きりで終わらず、人脈がうまく深められた証拠です。

SNSへの投稿は、自分とつながりのある人へのギフトでもあるのです。そのギフトをどれだけ日ごろから渡しているか。それによって、人脈の成熟度が変わってきます。

84 コミュニティを主宰して人脈の輪を広げる

さらに、**自分が主宰してサークルを立ち上げる**のもいいでしょう。私は自分の音楽バンドを立ち上げたり、ビジネスモデルの普及啓発をする社団法人を立ち上げたり、折に触れて同志が集うようなグループの設立に関わっています。

名古屋商科大学大学院ビジネススクールでは、事業構想ネットワークという在学生・卒業生によるグループも運営しています。ビジネススクールではいろいろな業界のメンバーが学んでいるので、これもまた人脈を広げるきっかけになっています。

そうしてグループを主宰すると、今度はそのグループ自体が求心力となって、人を呼び寄せます。たとえば、イベントをやるにしても、グループに所属する人がたくさん来るということになれば、有名な人も呼べる、というような具合です。

たとえば一般社団法人ビジネスモデルイノベーション協会では、年一回カンファレンスを行っていますが、そこに集まるビジネスモデルに関心のある観衆のためにと、デザイン思考と知識創造理論で有名な紺野登先生やアート思考の山口周さん、幸福学の前野隆司先生など、毎年すばらしい方々に講演いただいています。

こうしたグループの運営も、今はずいぶんと楽になりました。昔は定期的に顔を合わせて、ということでしたが、今やネットの時代です。これもまた、在宅でのグループ運営が可能になってきているのです。Facebook グループを使って情報交換したり、プロジェクト形式でより綿密にやり取りするなら Slack でワークプレイスを立ち上げたりしています。

85 仲間と立ち上げるなら合同会社がおすすめ

あるとき、志を同じくする仲間と出会い、一緒に新規事業を立ち上げることになったとしましょう。もし上場を目指すということでなければ、**合同会社がおすすめ**です。今や、創業される法人の四分の一が合同会社であり、Apple や Amazon、Google なども日本法人は合同会社として設立されています。

合同会社は、株式会社と違って、所有と経営が分離していません。株式会社の場合は、株式の出資額に応じて株式が割り当てられ、その株式によって配当の額やその会社の決定権が変わってきます。そうすると、経営には関わらないけれど最初のお金を多く出した人に、配当と決定権が集中してしまうという弊害が生まれます。

今の時代、「お金」の希少性はどんどん薄れています。デフレを克服するために利率を下げ、どんどんお金を市中に出そうとしている日銀の方針もあって、お金は余っています。一方で、優秀なエンジニアなどの人材はどこも引く手あまた。世界的に人材への需要が高まり続けています。

株式会社と合同会社の違い

	株式会社	合同会社
出資者の名称	株主	社員
出資者の責任	有限責任	有限責任
設立と運営に必要な人数	1人以上	1人以上
意思決定最高機関	株主総会	社員総会
業務執行者	取締役	業務執行社員 業務執行社員を選任しない場合は社員全員
業務執行者と出資者の関係	委任契約 株主以外からでも選任可	社員本人 社員以外からは選任不可
業務執行者の任期	通常2年、最大10年	任期なし
会社の代表者	各取締役 代表取締役を定めることも可能	各社員 代表社員を定めることも可能
決算公告	毎事業年度ごとに必要	不要
出資者への利益配分	株式の割合に応じて配分	出資割合に関係なく社員の合意で自由に配分
株式（持分）の譲渡	自由 譲渡制限をかけることも可能	社員全員の同意が必要

出所：中野裕哲『起業の疑問と不安がなくなる本』、日本実業出版社

合同会社では、収益の配分も株式の数で決められているのではなく、定款の中で決めることができます。たとえば優秀なエンジニアには多めに配分する、といった調整が可能です。仲間同士でお互いの貢献度をみながら、変更が可能なのです。

最初はプロジェクトに貢献すると言っていたメンバーが、いざ会社を立ち上げてみるとそれほどでもなかったとか、逆に最初は前向きじゃなかったメンバーが、がぜん活躍をし始めたりといった状況

にも、柔軟に対応できます。

そもそも、株式会社というのは、東インド会社がそうだったように、事業に多額の出資が必要な時代の、出資する人と冒険《ベンチャー》する人とが別々であっても法人を成り立たせるための仕組みでした。ところが現在、さまざまなリソースやインフラが格安に入手できる時代にあっては、出資がそれほど多くなくても、事業を立ち上げることができるようになっています。実際、私が立ち上げようとしているサブスクリプションによるセミナー動画配信事業は、従来であれば数千万円、場合によっては億単位の投資が必要だったものが、今では撮影機材費の数十万円で済んでしまいます。

そうした、能力を持った個人（そして在宅勤務者）が活躍する時代に、株式会社という仕組みは時代遅れになりつつあるのです。

86 公共性のある事業なら一般社団法人も

公共性のある事業なら一般社団法人という選択肢もよいでしょう。私自身、3つの一般社団法人の立ち上げに関わってきました。いずれも社会性のある活動をしており、株式会社というよりは社団法人がふさわしいということでこの形を選びました。

最初に立ち上げた一般社団法人ビジネスモデルイノベーション協会では、理事に大手企業の人にも参加していただいています。もし株式会社にということであれば、一般的に他の企業に勤めている人はなかなか参加しづらいでしょう。ところが一般社団法人であれば公益性も高いため、会社内で兼業の許可を得やすいのです。また、『ビジネスモデル・ジェネレーション』の著者のイヴ・ピニュール、アレックス・オスターワルダーのお二人にも、シニア・アドバイザーに就任していただいています。

一番最近参画した一般社団法人きりぶえは、京都府亀岡市での芸術による地域活性化事業を行う法人です。私は東京にいながら、京都のメンバーと遠隔（つまり在宅）でプロジェクトに参加しています。打ち合わせは基本Zoomで、そのほかのやり取りはLINE、メールなどで進めていますが、支障はありません。在宅勤務することによって学んだ働き方が、今度は遠隔でのプロジェクトマネジメントにも活用できています。

87 まずは自宅を拠点に無料でスタートする

新規事業を立ち上げるときの大原則は、小さく産んで大きく育てる、です。その市場をまだ深く理解していなかったり、ユーザーのニーズがまだあやふやで捉えきれていない場合には、特にそうです。最初から大きなお金を投じるよりは、小さくサービスをスタートし、走りながら顧客のニーズを捉え、頻繁に試行錯誤して事業を方向転換しながら作り上げていくことが重要です。これを**リーンスタートアップ**といいます。

リーンとは「無駄のない」という意味です。もともと無駄のないトヨタの生産方式を示す言葉だったのですが、それを新規事業の立ち上げに適用したのがリーンスタートアップです。大きな違いは、トヨタの生産方式が無駄なく生産することを目的にしていたとすれば、リーンスタートアップは、無駄なく学習することを目指すものであることです。

結局、市場やニーズは、机上の計画ではその実態を正確につかめていません。実態も見えていないまま立てた計画を実行すれば、どんなことが起こるかは火を見るより明らかで

リーンスタートアップ

アイデアを製品にして、その反応を計測しながら素早く方向転換していく。

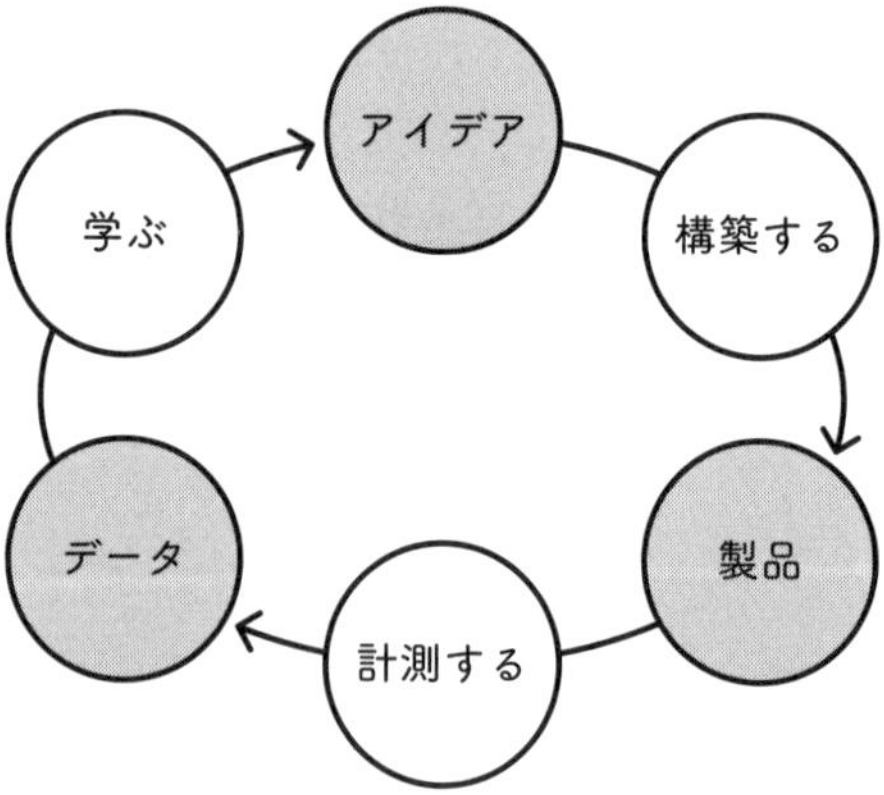

す。事業を開始したあとも、本当はどんな市場なのか、どんなニーズが隠れているのかを学習するプロセスが欠かせません。リーンスタートアップでは、そうした学習のプロセスに重点を置くのです。

私自身も、新しいことに取り組むときにはこのリーンスタートアップを意識しています。まずはトライアルをしてみるわけです。地域活性化の事業に取り組むときには、これはたまたまでしたが、東日本大震災の復興ボランティアがきっかけとなり、そこで学んだことをベースに最終的には事業として取り組むようになっていきました。

また、2018年にカメラを始めたときには、無料でポートレート撮影をして腕を磨きました。ロケ撮影、スタジオ撮影、いずれも無料だからこそ、自分が学びたいテーマに合わせて撮影をさせてもらえました。

そして、何度か紹介しているセミナー動画配信事業は、最初はトライアルのイベントとして収録を行い、経験を積んでいきました。このときには無料ではなく、イベントには一回3000円、動画配信は1000円というように有料で行うようにしました。この金額設定でちゃんとお客さんが来ることが確認できたので、今はそれを月額1000円での動画配信のニーズを探っているところです。

こうした実験をしている段階では、シリコンバレーでいうところのガレージ、今回でいえば自宅がその場所としてふさわしいといえます。できるだけ固定費を下げながら、トライアルを回していくことに集中します。これは、機動力を失わないためにも重要な戦略で、一度固定費を積み上げてしまうと、なかなか減らすのが難しくなり、変化しようと思ってもできなくなってしまうからです。そこで勝ちパターンが見えてきたら、ようやくそこで大きく投資するタイミングとなるのです。

88 Giveしつづけて最後にTakeする

これまでの領域から離れて、新しい領域で事業を開始するには、当初、かなりの投資が必要になります。投資はお金というだけでなく、時間というもっとも貴重な資源の投資が絡みます。人生の時間は有限であり、一刻も無駄にできません。お金以上に、そうした時間投資を最小化するための方法がリーンスタートアップでした。

投資というのは、もちろんリターンを期待して行うものなので、投資をするにあたって「儲かるかどうか」「報われるかどうか」が、投資の判断基準になるかと思います。確率は低いけれども大きなリターンが期待できるからと、ベンチャー事業に投資をする人たちもいます。しかし、問題は「いつ」このリターンを得られるような投資をするのか、ということです。

このリターンを短期的なものに設定すればするほど、すぐに結果が出ることばかりをやることになるので、領域の広がりは限られてしまいます。事業の射程がどんどん短くなっていくのです。

将来に向けて大きく発展する事業をやっていきたいと思えば、遠くのターゲットに向けた射程の長い、できるだけ遠い未来にリターンが戻ってくる投資をするべきです。じっくり時間をかけて取り組む事業です。時間がかかる事業であればあるほど、他人からキャッチアップされることも難しく、それだけ競争優位が働くともいえます。

別の言い方をすれば、たくさんの時間を投じたあとに、ようやく自分の利益を得ようという考え方です。この意味で長期的な投資というのは、本質的に贈与性を帯びています。すぐに利益を期待していないからです。

企業のR&Dも同様です。既存事業の収益を、**企業の未来、社会の未来に向けて贈与している**。そんなふうに考えることもできます。

よく、さきにTakeを考えるのではなく、GiveしたあとにTakeする「Give&Take」という話がありますが、これは贈与の原則を語っているものです。そしてこれは長期的な人生の投資も同様なのです。

こうした贈与を、昔は自分の所属している企業に対して行っていました。人生の時間をGiveすることによって終身雇用というTakeがある。その関係が成り立っているときにはよかったのですが、あのトヨタ自動車でさえ終身雇用制度の維持は難しいと言っているときに、Ｇｉｖｅの対象は所属企業だけでよいとは言えなくなってきました。

そんな時代においては、新しい領域へのＧｉｖｅをスタートすることが重要です。これは早ければ早いほどいい。それだけ時間というリソースを長い間、投資できるからです。

在宅勤務を始めたみなさんは、どんな新領域にＧｉｖｅしていきますか？

89 与贈循環と居場所

場の研究所の清水博先生は長年、場を研究されていく中で、その根本原理に**与贈循環**があると指摘されています。与贈というのは、贈与をひっくり返した言葉で、贈与の中でも匿名での見返りを求めないものを言います。

この与贈が自分のいる〈場〉に対して行われると、その〈場〉が豊かになっていきます。〈場〉が豊かになっていくと今度は、その〈場〉から自分へと与贈が居場所というかたちで返ってきます。循環が起こっているのです。

たとえば、家族のためにケーキを買って帰るとします。そうすると家族との関係もよくなり、家庭という〈場〉が豊かになります。そうすると、自分の居場所もできる。与贈は**居場所づくりの方法**なのです。

在宅勤務になると、実はこの居場所づくりを意識的にやる必要が出てきます。これまでは会社という、自動的に与えられた居場所がありました。しかし、物理的にその場所から離れたときに、人は会社に居場所があるという実感を失います。そのことが、やがてメンタルにも響いてくるのです。今まで意識してこなかった、居場所を作るための取り組みが必要になるのです。

その居場所は、会社の中にとどまりません。むしろ、会社という小さな枠組みにとらわれることなく、最終的には地球全体が私の居場所と思えるくらいのスケールで、世界と向き合うことも可能です。そういう視野で活躍する人は、ものすごく大胆なプロジェクトを成し遂げていくでしょう。

在宅勤務は、会社という小さな居場所を失う働き方です。しかしそのことによって、世界という大きな居場所を獲得する機会を与えてくれる働き方でもあるのです。

おわりに

在宅勤務は、英語でWork from Homeと言います。Homeは、もちろん自宅という意味ですが、私はそれよりも少し広い意味で、居場所と取りたい。私たちはこれから、それぞれの居場所に立って、そこから仕事をするようになる。居場所から、自分らしいやり方、自分にしかできないやり方で、会社に、社会に、世界に貢献していくことになるのです。

ワーク・ライフ・バランスという言葉が一般に普及して、働き方改革が進められてきました。残業が減り、人生とのバランスの取れた働き方が実現していきました。新型コロナウイルスの問題は、それを一気に推し進めました。その結果見えてきたのが、ライフが充実することによってワークも充実していく、Work from Lifeともいうべき状態でした。自宅での生活が豊かになればなるほど、気持ちも豊かになり、さらに仕事のアウトプットも豊かになるという好循環です。

緊急事態宣言が出されて、子どもたちと一緒に過ごすようになり、公園に出かけておにごっこをして遊んだり、ザリガニを釣って家に持って帰ったりという、とても贅沢な時間を経験しました。外食もせず、家で食事をする毎日の中で、家族で一緒に過ごすことの大切さを実感しました。東日本大震災を経験し、そして今回の新型コロナを経たあと、私たちの社会に、もはや後戻りできないような価値観の変化が起こっていることを感じます。
そうした変化の中で、単純に昔に戻るのではない、テクノロジーによって前に進みながら原点に戻る、そんなハックを紹介してきました。みなさんそれぞれのWork from Homeが実現することを願っています！

小山龍介

秘密基地のようになってしまった自宅デスクにて　２０２０年5月

【著者紹介】
小山龍介（こやま　りゅうすけ）
株式会社ブルームコンセプト代表取締役・コンセプトクリエイター
1975年福岡県生まれ。AB型。京都大学文学部哲学科美学美術史卒業。大手広告代理店勤務を経て、米国MBAを取得。その後、松竹株式会社新規事業プロデューサーとして歌舞伎をテーマに新規事業を立ち上げた。2010年、株式会社ブルームコンセプトを設立し、現職。名古屋商科大学大学院准教授(ビジネスモデル論)、㈳ビジネスモデルイノベーション協会アドバイザー、㈳日本能楽謡隊協会理事、㈳きりぶえ監事、日本ビジネスモデル学会プリンシパル。京都芸術大学MFA(芸術学修士)。現在、京都芸術大学博士課程在籍。宝生流シテ方能楽師の佐野登に師事し、2015年『土蜘』を演能。著書に『IDEA HACKS!』(東洋経済新報社)をはじめとするハックシリーズ、訳書に『ビジネスモデル・ジェネレーション』(翔泳社)等がある。

在宅HACKS！
自分史上最高のアウトプットを可能にする新しい働き方

2020年7月9日発行

著　者――小山龍介
発行者――駒橋憲一
発行所――東洋経済新報社
〒103-8345　東京都中央区日本橋本石町 1-2-1
電話＝東洋経済コールセンター 03(6386)1040
https://toyokeizai.net/

装　丁…………小口翔平+岩永香穂(tobufune)
本文デザイン……二ノ宮匡(ニクスインク)
イラスト…………白根ゆたんぽ
印　刷…………東港出版印刷
製　本…………積信堂
編集協力………重田祐子
編集担当………齋藤宏軌

　ISBN 978-4-492-04670-8